중국의 비권 (秘拳)

현대
소림권 입문

少 林 拳　　　현대레저연구회편

太乙出版社

중국무술, 그 오묘한 경지를 소개한다

　중국무술 (中國武術)의 특징은 '외유내강(外柔內剛)'에 있다. 매우 부드러워 보이는 동작 하나 하나에 엄청난 힘이 들어 있다. 그것은 마치 흐르는 물(水)의 원리와도 같다. 물은 부드러워 무엇이든지 받아들이고 유연하게 그 스스로를 낮춘다. 그러나 한 번 기세를 얻으면 산천을 무너뜨리고 천지(天地)를 뒤흔든다. 부드러움 속에서 무한한 힘을 발휘하는 것이다.

　중국 무술 중에서도 가장 뛰어난 비권(秘拳)이라고 일컬어지고 있는 소림권(少林拳)은 중국 오천 년 역사 속에서 굳건하게 그 맥을 이어오고 있다.

　한 동작 한 동작이 부드러우면서도 배우기가 그리 쉽지만은 않다. 그러나 한 번 익히고 나면 자기의 몸을 방어하고 심신(心身)의 기량을 닦는데 지대한 도움이 될 것이다.

　이 책은 중국 무술에 흥미를 가지고 있는 초보자들이 혼자서도 충분히 비권(秘拳)을 익힐 수 있도록 체계있게 편집되어 있다.

　몸과 마음을 단련하는데 더없는 지침서가 될 수 있으리라 확신한다.

편자 씀.

*차 례

*차 례

3. 염수권의 장 －북파 나한문 (羅漢門)의 대타권 ···· 139

*차 례

1.입문의 장

― 권각(拳脚)의 기본공(基本功)

연습을 시작하기 전에

• 기본공의 연습 방법

능숙해지는 길

잘 알려진 중국권법의 연습 훈의 하나에 다음과 같은 말이 있읍니다.

"권(拳)을 연마하고, 공(功)을 연마하지 않으면 늙어서 모두 공(空)이 됩니다. 공을 연마하고, 권을 연마하지 않으면 사공이 노가 없이 배를 타는 것과 마찬가지입니다."

이 경우의 권이란, 기(技)나 형(型)을 의미합니다. 그리고 공(功)이란 수련이나 단련을 의미합니다. 즉 새로운 기라든가 진귀한 기(技)만을 쫓고, 기본적인 단련을 소홀히 하면, 결국에는 아무 것도 익숙해 질 수 없읍니다. 또 반대로 기를 무시하고 몸만을 단련해도, 그 단련의 성과를 발견하는 길, 즉 기(技)가 없기 때문에 역시 단 하나의 노가 없이 배를 저을 수 없는 것과 마찬가지로, 보석이 아무 쓸모도 없이 된다 라고 하는 것을 의미하는 것입니다. 또 권을 기술 수련, 공을 정신 수련이라고 생각해도 좋읍니다. 어쨌든 권(拳)과 공(功)의 관계는 수레와 수레 바퀴와도 같은 것입니다.

예를들면 이 책(本書)의 연습은 겨우 네 종류의 서기 방법의 연습에서부터 시작됩니다. 보기에는 간단하지만, 실제의 연습은 하나씩 서는 **방법**을 각각 가능한 장시간을 가지고 연마하고, 그리고 다음의 서는 발로 변화하고, 충분히 공을 연마하는 것입니다. 토대만 만들어져 있어도, 건물은 언제까지나 세워지지 않듯이, 새로운 기(技)에 도전하고, 앞으로 나아가는 것도 중요하지만, 한발 한발의 과정을 중요하게 밟아 걷는 것이 가장 확실한, 능숙해지는 길이라고 생각합니다.

호흡과 힘 넣는 방법 — 구체적인 훈련 요령

태극권·소림권과 함께 중국권법은 일반적으로 자연스러운 호흡을 중요시하고 몸 전체의 부드러운 탄력을 살려서, 부드러운 힘을 이용합니다. 그런데, 자연스러운 호흡으로 행한다고 입으로 말하면서도, 새로운 동작을 배울 때, 어떤 상태가 자연스러운 호흡으로 행하고 있는 것인지, 자신이 스스로 판단하기는 상당히 어렵습니다. 그래서 구체적인 요령으로 다음과 같은 시험을 해 보는 것이 좋습니다.

우선 제일로, 힘을 전혀 넣지 않고 바른 形을 외우는 데 노력합니다. 다음, 역시 힘을 뺀 채, 기의 하나 하나 세세한 순서를 중요시하고, 정확한 움직임을 외웁니다. 그리고 기를 사용할 때는 코에서 희미하게 숨을 내뿜으면서 행합니다. 특히 연속적으로 기를 사용할 때, 이 호흡이 가장 중요한 요령이 됩니다. 이렇게 힘을 빼고 부드럽게 움직이고, 바른 형과 동작을 반복하고 있으면, 호흡과 기(技)와 힘의 결합을 자연스러운 중에서 안으로 체득할 수 있게 됩니다.

또, 기를 사용할 때는 얼굴의 표정을 부드럽게 유지하는 것도 중요합니다. 표정이 부드러울 때, 반드시 어깨의 힘이 빠져 있고, 기력을 집중하여 기를 정한 때등도 눈을 찡그리거나 하는 일이 있어서는 안됩니다.

중국 권법은, 무술적인 요결에서는 일본 무술 중에서 검도에 가장 가깝고, 체술적(体術的)으로는 도수(徒手)체조, 무용(舞踊)에 공통점이 많기 때문에, 혼자 연습하는 경우는 특히 이런 무술 운동에 접하려는 마음 가짐이 좋습니다.

13

1. 서는 발의 연습

1. 기본적 서는 발의 짜 맞추는 연습 방법

① 양손을 허리에 대고, 무릎을 가능한한 구부리면, 닫아 발 서는 방법이 됩니다.

② 왼발을 왼쪽으로 벌리고 '마보(馬步)'가 되게 합니다. 무릎을 벌리고, 힘 강하게 허리를 내리는데, 그 때문에 다러 끝이 밖으로 벌어져 사고립(四股立)이 되지 않도록 신경을 씁니다. 또 아랫배를 앞으로 내고 등의 힘이 아래로 자연스럽게 떨어지듯이 합니다. 엉덩이를 뒤쪽으로 끌어 당기고, 등에 힘을 넣으면 허리 뼈에 무

리한 힘이 들게 됨으로 허리를 아프게 하는 원인이 됩니다. 눈은 순순히 앞쪽을 응시하고, 표정을 부드럽게 유지하고, 상체의 전 체중을 아래로 '맡긴다'라는 기분이 중요합니다. 마보(馬步)를 한참 동안 유지하고, ③으로 이동합니다.

③ 마보(馬步)에서 양발을 동시에 약 45도, 왼쪽으로 비켜 놓아 '궁보(弓步)'가 되도록 합니다. 남파 소림은 일본의 가라떼와 비슷하여 상체의 폭만 좌, 우로 벌리는데, 북파 소림의 궁보(弓步)는 일반적으로 거의 일직선상에 섭니다. 또 전, 후의 폭도 북파는 남파보다 크고, ②의 마보(馬步)와 비슷하며, 상체의 힘을 빼고, 체중을 자연스럽게 아래로 내리는데, 선발은 무너지지 않도록 힘있게 섭니다. 또 마보(馬步)에서 궁보(弓步)로 이동할 때는 허리의 날카로움도 양성하기 때문에, 순간적으로 변화합니다.

1. 입문의 장

④ 궁보에서 우선 연락 동작으로써 뒷발을 밖으로 벌립니다.

⑤ 가볍게, 재빨리, 앞발을 반보 뒤쪽으로 끌어 '허보(虛步)'가 되도록 합니다. 앞발 끝은 마치 수면에 발끝을 대는 듯한 기분으로, 체중은 거의 뒤쪽에 둡니다.

전체의 밸런스를 유지하기 위해서 상체는 조금 앞으로 비스듬하게 되는데 허리 뼈에 무리한 힘이 들어가지 않도록 주의합니다. 그대로 한참 동안 서있읍니다.

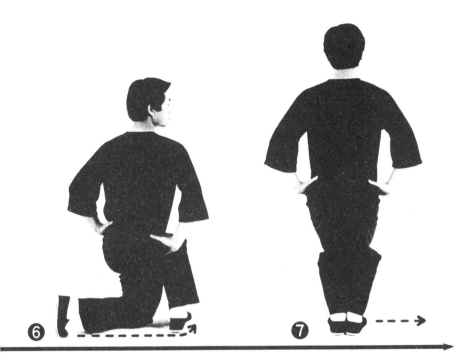

⑥의 정면도

⑥ 허보(虛步)의 앞발을 그곳에서 왼쪽으로 벌려 디디고, 재빨리 상체를 아랫쪽으로 비틀어 버립니다. 뒷발의 뒷꿈치를 들고, 발가락을 잔뜩 구부려 섭니다. 뒷발의 무릎을 땅에 대서는 안됩니다.

이렇게 서는 방법은 남파에 많고 '궤마(跪馬)'라고 불리워 지는데, 북파의 통칭 '좌반세(座盤勢)'를 사용해도 좋읍니다.

⑦ 뒷발을 끌어 붙여 폐족립(閉足立)이 되게 하고, 반대쪽을 연습합니다.

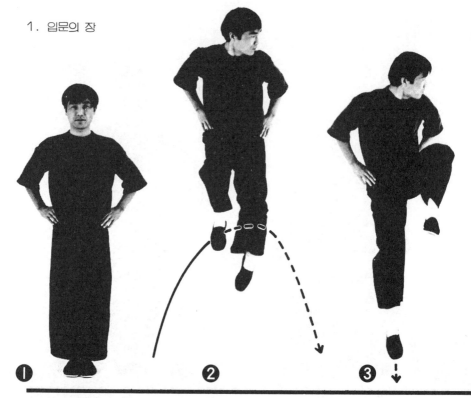

2. 부보(仆步)의 단련

① 양손은 허리에 대고 똑바로 섭니다. 양손의 주먹을 허리로 당겨 붙인 자세도 좋습니다.

②~④ 왼발의 탄력을 살려서 가볍게 비약, 오른발로 왼발의 무릎을 뛰어 넘고 왼발은 거꾸로 오른발의 무릎 밖에서 당겨 뒤로 빼듯이 자세를 취합니다. 오른발이 땅에 닿았을 때, 왼발을 단단히 서있는 발의 무릎 근처에 끌어 붙입니다. 익숙해질 때까지는 멀리 뛸 것을 생각하지 말고, 가능한 한 상체의 힘을 빼고, 부드럽게 뛰어오르는 것을 연습하는 것이 좋습니다.

⑤ 상대의 발등, 발목등을 밟아 붙이는듯한 기분으로 몸을 내리고, 재빨리 왼발을 펍니다. 착지의 바로 전까지, 발바닥으로 땅을 문지르듯이 내디디는 방법이 바람직합니다. 왼발은 발옆을 단단히 내고, 무릎 안쪽을 펍니다. 왼쪽으로 이동하고 몇번이고 반복한 다음, 오른쪽으로 돌아와 반대쪽을 연습합니다.

참고 그림 : 하반신, 발목등이 단단한 사람은 우선 둘이서 발옆을 맞대고(혹은 벽 등을 이용하여) 허리를 조금씩 상하로 움직이며 부보(仆步)의 서는 발을 연마합니다.

④　⑤

참고도 : 부보(付步)의 상대연습

2. 찌르기 기본 연습

　찌르기의 기본 연습에는, 여러가지 방법이 있읍니다. 여기에서는 이 책에서 소개하는 절권(節拳 : 날으는 제비의 型)에도 반복되어 나타나 있는 '괘타(掛打) ―천심권(穿心拳)' 의 연결기(連結技)를 들어 설명하겠읍니다.

　우선, 참고 그림과 같이, 궁보(弓步)에서 서는 발을 정한 다음, 어깨를 지점으로 하여 팔을 흔들어 돌리고, 걸쳐 찌르는 단련(單練 : 단순히 반복하는 연습)을 합니다. 팔꿈치는 가능한 한 편 채, 또 상체도 가능한 한 부드럽게 정지한 채 팔을 부드럽게 선회합니다. 주먹 안쪽으로 안면 등을 치고, 상대의 팔을 내린다는 의미도 있는데, 상대의 얼굴 앞에서 주먹을 한번 휘두르고, 재빨리 찌르고, 차기를 한다고 하는 '권제기(拳制技)' 로서 중시되고 있읍니다. 걸쳐 치기의 단련에 익숙해 지면, 찌르기와 함께 연습합니다(①~③). 요령을 터득할 때까지 힘을 주어서는 안됩니다.

❸

참고도 : 괘타치기의 단련

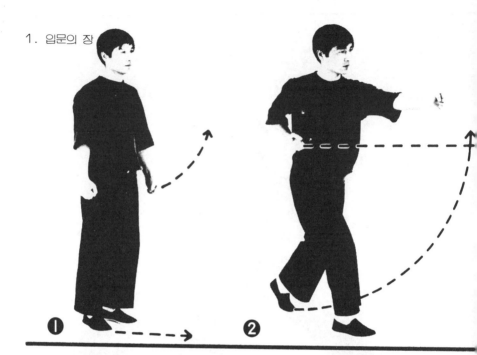

3. 차기 연습

―족기(足技)를 자유로이
사용하기 위한 훈련―

1. 십자등각(十字蹬脚)

① 양손을 쥔 자연체(자연스러운 몸)

② 걸을 때와 같은 요령으로, 왼손을
내면서 오른발을 전진한다.

③ 상체의 탄력을 사용하여 오른손을
찌르고, 동시에 왼쪽발을 올립니다.

④ 왼발을 일단 선발의 옆에 내리고,
전체의 힘을 뺍니다.

⑤~⑥ 다음에 왼발을 전진하여 반대
동작을 합니다.

코로 숨을 내쉬면서 기(技)를 정하는
순간, 주먹과 발로 십자형을 만들고, 뒤
는 탄력을 되돌려 편안하게 발을 전진
합니다.

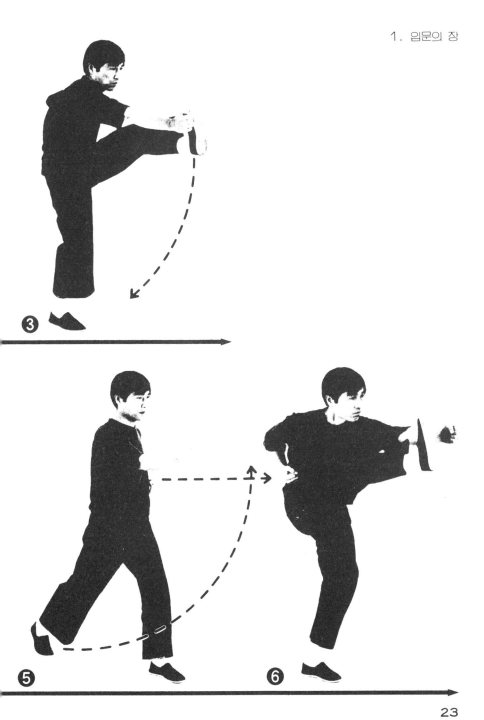

③

⑤   ⑥

2. 분각(分脚)

등각(蹬脚)은 무릎을 거의 편 채, 퍼올리듯이 뒤꿈치에서 하는 기술입니다. 그러나 분각(分脚)은 스냅을 이용하여, 발끝(신발 끝), 발등 등으로 차올립니다.

① 자연스러운 몸 자세에서 왼발을 전진하고, 양손을 겹쳐 모아서 머리 위에서 올립니다. 조금 몸을 뒤로 젖히고 탄력을 모읍니다.

② 상·하 팔다리의 탄력을 살리고, 차 올린 발등을 양손으로 칩니다. 전신의 조화가 어울어지면 '딱' 하는 기분 좋은 소리가 울립니다. 준비 운동 또는 유연 체조를 겸하여 행하는 차기 연습 방법이므로, 결코 힘을 넣어서는 안됩니다. 기(技)를 정하는 순간에도 전신의 힘을 부드럽게 집중하는 기분으로 임하는 것이 중요합니다.

③~⑤ 차는 발을 일단 선발의 옆으로 내린 다음, 다시 반대 동작을 합니다. 앞으로 걸으면서 좌·우를 교환하여 연습합니다.

④ ⑤

1. 입문의 장

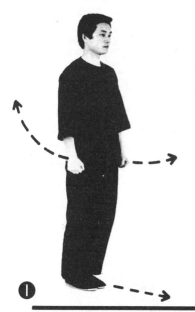

3. 등각 (蹬脚)

① 자연체 (自然體 : 閉足立)

② 왼발을 전진하면서, 오른손을 뒤에서 흔들어 올려 탄력을 줍니다.

③ 무릎 안을 편 채, 상·하의 수족에 탄력을 살려서, 오른손 주먹을 아래로 흔들어 내리고, 오른발을 높이 올립니다. 왼손은 오른손과 대칭으로 뒤에서 흔들어 올려, 밸런스를 유지합니다.

④~⑥ 전신의 힘을 빼고 발을 내리고 반대 동작.

1. 입문의 장

4. 파각(擺脚)

① 자연체에서 양손을 좌·우로 벌리고 왼발을 전진시킵니다.

②~③ 오른발을 편 채, 얼굴 앞에서 원을 그리고, 밖으로 돌려 찹니다. 오른손으로 발옆쪽을 칩니다.

④~⑦ 일단 찬발을 선발의 옆에 내려 놓은 다음, 오른발을 전진시키고 반대 동작을 합니다.

걸으면서 좌·우 교환하여 연습합니다. 결코 숨을 죽이지 말고, 편안하게 걸으면서 발을 흔들어 돌리는 기분으로 연습합니다.

③ ④

⑥ ⑦

5. 이합퇴 (里合腿)

① 자연체에서 양손을 벌리고 왼발을 전진시킵니다.

②~③ 오른발을 편 채, 안쪽으로 추켜 찹니다. 안면을 가로지른 지점에서 손발을 합쳐 칩니다.

④~⑥ 찬발을 일단, 선발의 옆(앞에서도 옆에서도 좋습니다)으로 내리고 전신을 부드럽게 한 다음, 반대 동작으로 들어갑니다. 호흡을 죽이고, 힘을 가득 넣고 연습하면, 오히려 몸이 단단하게 굳기 때문에 좋지 않습니다.

걸으면서 편안하게 힘을 집중·방산이 가능하도록 연습합니다.

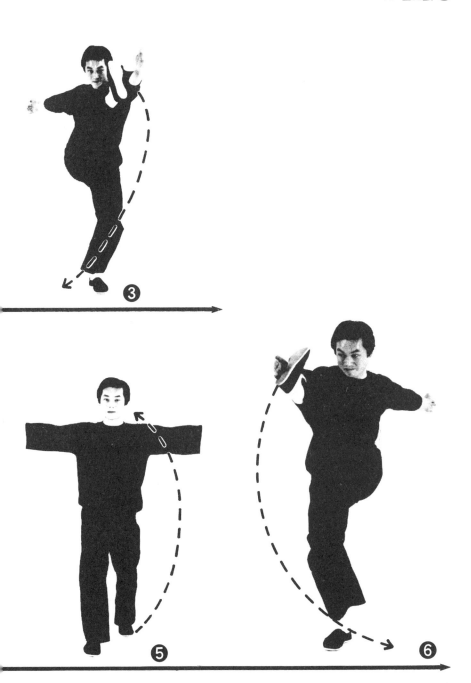

❸

❺

❻

1. 입문의 장

④ ❸

6. 이기각(二起脚) ― 1 (이기분각 : 二起分脚)

① 자연체

②~④ 양손을 우선 오른쪽 위로 흔들어 올리면서, 오른발은 내디디고, 땅을 차며 도약, 무릎의 스냅을 살려서 공중에서 분각(分脚)을 행합니다. 양손은 몸 앞에서 크게 흔들어 돌리고, 오른손으로 오른발의 등을 치는 기법입니다.

사진의 예에서는 기(技)를 정한 순간, 왼발이 빠져있는데, 준비하는 발은 되도록 이면 무릎을 구부리고, 몸을 끌어 붙여두는 것이 바람직합니다.

멀리 나는 것 보다도 가볍고 부드럽게 나는 것을 연습합니다. 따라서 착지때 발소리를 내지 않도록 합니다. 도약때 착지할 때, 모두 발목을 유연하게 사용합니다. '꽝' 착지하면 무릎을 아프게 하므로 주의합니다.

익숙해지면, 앞으로 연속적으로 날아갑니다.

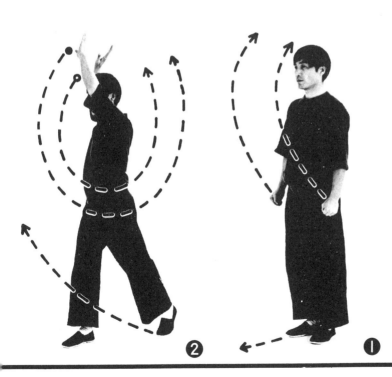

7. 이기각(二起脚) — 2 (이기십자등각 : 二起十字蹬脚)

①~④ 자연체에서 걷는 동작과 마찬가지의 요령으로 수족을 내고, 스무스하게 도약, 공중에서 십자등각(十字蹬脚)을 실시합니다.

공중에서 순간적으로 좌·우의 십자등각을 실시하는 형(形)이 되는데, ②는 ④를 위한 탄력을 준비하는 동작이기 때문에 손은 가볍게 내밀고, 발도 가볍게 떠 올리듯이, 그 반동으로 손·발의 힘을 집중하여 기(技)를 정합니다. (④) 단지 기를 정할 때의 등각은 이기분각(二起分脚)과 마찬가지로 충분히 무릎의 스냅을 살려서 찹니다. 정한 순간은 주먹과 발이 십자로 교차하고, 준비한 발도 가능한 한 몸에 끌어 붙여 두는 것이 바람직합니다. 익숙해지면 연속적으로 반복하여 날아갑니다.

착지는 발의 소리를 내지 않도록 합니다(틈을 만들지 않고, 다음에 실시할 것의 준비를 위한 것이고, 또 허리를 보호하기 위한 것입니다). 결코 숨을 죽여서는 안 됩니다.

❸   ❹

8. 선풍각(旋風脚) - 1

선풍각의 기본연습

①-⑥ 상대에게 자신이 편하게 날
수 있는 높이보다 약간 높게 손을 내밀
어 달라고 한 다음, 줄넘기 할 때의 넘
는 요령으로 좌·우로 날아 넘읍니다.

처음에는 공중에서 손·발을 합하여
치지 않아도 좋읍니다. 난다는 생각으로
반복하도록 하고, 발목의 유연성, 동작
과 호흡의 일치를 자연스럽게 터득하는
것이 가능해 집니다.

이와 같은 차기를 '도약이합퇴(跳躍里
合腿)', '반선풍(半旋風)' 등으로 부릅니
다.

❸

❺   ❻

9˘. 선풍각(旋風脚) — 2

① 마보(馬步)로 서서, 왼손을 벌려서 머리 위로 받쳐 준비하고, 오른손은 오른쪽으로 찌르듯 내 펍니다.

② 양손을 ①의 위치에서 뒤로 돌려 올리고 몸을 비틀고, 탄력을 준비하도록 합니다.

③ 왼발을 앞으로 띄운 다음, 오른발로 땅을 차고, 몸을 비틀어 날아오릅니다.

④ 공중에서 이합퇴(里合腿)를 실시합니다. 왼쪽 손바닥으로 오른발의 안쪽을 칩니다.

왼발부터 착지할 때, 조금 더 몸을 비틀어 ①의 자세로 돌아옵니다. 다음에 다시 오른쪽으로 반복하여 날아 가거나, 또는 ①의 양손을 반대로 하여 왼쪽으로 반대 동작을 연습해도 좋습니다. 호흡, 착지는 다른 기술과 마찬가지로 유연하게 실시합니다.

파각(擺脚)과 선풍각은 북파 소림의 전형적인 기본 기술입니다.

❸   ❹

4. 차기의 연속 연습

—족기(足技)를 유연하게 연환(連環)시키는 훈련 —

1. 비연삼연각(飛燕三連脚)

① 자연체에서 양손을 우선 오른쪽 비스듬히 흔들어 올리면서 오른발을 전진합니다.

② 양손을 몸 앞에서 아래에서 선회하면서 도약합니다.

③ 공중에서 반선풍각(半旋風脚 : 跳躍里合腿)를 행합니다.

④~⑤ 왼발부터 가볍게 착지합니다. 오른발은 그대로 땅을 비비듯이 앞쪽으로 밟아 내고, 동시에 왼쪽 손바닥을 위로 들어 올리고, 우구수(右鉤手 : 손가락 끝을 구부려 준비함)을 뒤쪽으로 흔들어 올립니다.

❸   ❹

1. 입문의 장

⑥ 도약하면서, 오른손 손등으로 왼쪽 손바닥을 칩니다.

⑦ 이기각(二起脚). 기(技)를 정할 때 오른손으로 오른발 발등을 치는 것입니다.

⑧~⑨ 왼발부터 착지합니다. 오른발은 몸을 비틀면서, 착지와 동시에 디뎌 도약합니다.

⑩ 공중에서 몸을 비틀어 선풍각(旋風脚) 합니다.

⑪ 부드럽게 착지합니다. 숨을 코에서 쉬면서, 연속하여 기를 사용하는 것입니다.

⑦　　　　　⑧

⑩　　　　　⑪

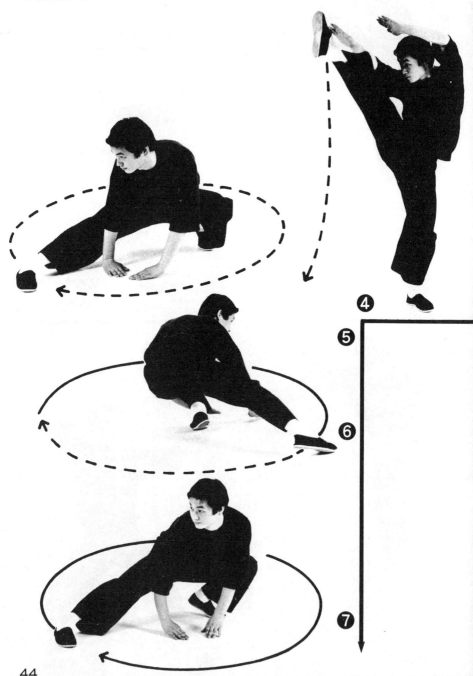

④
⑤
⑥
⑦

44

2. 진보분각소퇴 (進步分脚掃腿)

① 자연체에서 양손을 조금 앞으로 빼고, 오른발을 전진합니다.

② 오른발을 디뎌감과 동시에, 양손의 손등으로 자신의 품 근처의 바깥쪽을 '꽉' 치고 뒤쪽으로 보냅니다.

③ 손·발의 움직임을 끊이지 말고, 조금 더 왼발을 전진하고, 양손을 좌·우로 나누어 뒤에서 유연하게 흔들어 올리고 손을 합쳐 칩니다.

④ 무릎의 스냅을 살려서 분각(分脚)합니다. 오른손으로 오른발의 발등을 칩니다.

⑤ 단숨에 몸을 떨어뜨리고, 차는 발은 그대로 앞쪽으로 착지시켜 부보(仆步)가 되도록 합니다.

⑥~⑦ 선발의 뒤꿈치를 띄워, 체중을 단단히 왼발에 두고, 오른발을 가능한 한 지면에서 떨어지지 않도록 하여 선회합니다. 선 발의 발끝을 지점으로 해서 땅위에 바르게 원을 그립니다. 원을 그리는 발의 무릎을 가능한 한 구부리지 않도록 합니다.

소퇴(掃腿)도 역시 북파 소림 독특의 기본기입니다. 부보(仆步)에 익숙해진 다음 연습합니다.

1. 입문의 장

3. 전신삼연각(轉身三連脚)

① 양손을 넓게 편 자연체(閉足立에서)
도 좋습니다.

② 오른발을 정면에서 밖으로 돌려서,
퍼 올리듯이 찹니다.

③ 오른발을 가볍게 내립니다.

④ 오른발을 내 디디는 것과 동시에
안쪽으로 돌리고, 덮듯이 찹니다.

⑤ 차는 발을 안쪽으로 비틀어 내립니
다.

⑥~⑦ 몸을 비틀어 뛰어 오르는 선
풍각을 실시합니다. 착지 다음, 반대 동
작을 연습합니다.

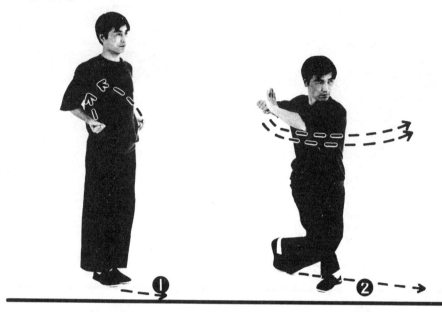

5. 단교수(短橋手)의 연습

─팔을 짧게, 무겁게 사용하는 훈련─

1. 남파(南派) 소림(少林) 개문식(開門式)

① 닫은 발 서기(閉足立)의 직립(直立)의 자세. 양 주먹을 허리에 준비합니다.

② 오른발을 밖으로 벌리고, 반보 앞쪽으로 힘있게 내디디고, 동시에 몸은 비틀어 허리를 내리고, 오른쪽 몸쪽으로 오른쪽 주먹의 손목을 구부리고, 그 주변의 문과 왼쪽 손바닥은 팔자(八字)의 形으로 마주보게 합니다.

③ 허리를 내린 채, 왼발을 일보 앞쪽으로 내어 허보(虛步)가 되게 하며, 동시에 양손을 그대로 정면으로 돌려 기력을 집중합니다. 이것이 권법의 역사상 그 유명한 남파 소림 홍가문(洪家門)의 개문식(開門式)입니다. 현재에서는 남파 소림의 대부분의 문파가 이 개문식을 무술적 예로 하고 있습니다.

오른쪽 주먹은 '무(武 : 力)', 왼쪽 손바닥은 '문(文 : 智)'를 나타냅니다.

④ ③의 뒤 즉시 수권동작(收拳動作 : 권을 누르는 동작)에 들어갑니다. 우선 왼발을 본래의 위치로 되돌리고, 왼손을 쥐고, 양쪽 주먹을 아랫배의 앞으로 가져 갑니다.

⑤～⑦ 오른발을 원점으로 되돌려서 닫은 발 서기(閉足立)가 되게 하고, 양 주먹은 가슴 근처에서 안쪽에서 밖으로 보내고, 허리에 끌어 당겨 붙입니다.

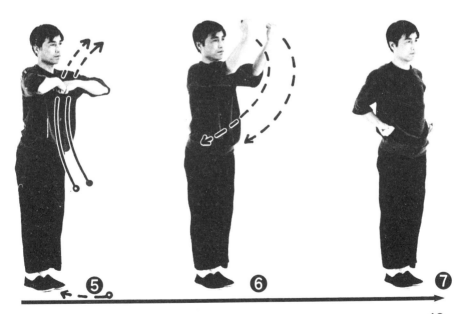

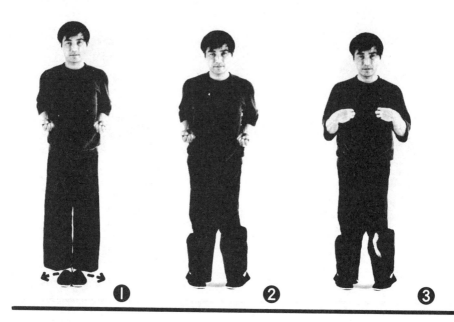

2. 학수단련법(鶴手鍛鍊法)

① 닫은 발 서기(閉足立). 양손을 허리에 대고 준비합니다.

② 힘을 모우고, 뒤꿈치를 밖으로 벌리고 안8자(內八字)로 섭니다. 허리를 떨어뜨리고 무릎을 죄며 섭니다.

③~④ 다섯개의 손가락 끝을 모아서 '학(鶴)의 부리'의 형을 만들고, 천천히 힘을 모아 앞으로 뻗읍니다. 어깨를 아래로 조이고, 팔꿈치를 내리고 전신의 힘을 모으도록 합니다.

다소 등 가운데가 둥글게 되어도 좋읍니다. 단지, 숨을 죽이면서 숨을 쉬면 머리에 해를 끼치기 때문에 코에서 조금씩 숨을 내쉬면서 실시하는 것이 바람직합니다.

⑤ 숨을 들이마시면서 힘을 모으고, 천천히 양손을 가슴으로 끌어 당겨 붙입니다.

⑥ 힘을 모아 양손을 좌·우로 재빨리 벌립니다.

⑦~⑧ 좌·우로 숨을 내 뿜으면서, 힘을 모아 천천히 벌리고, 또 천천히 되돌리고, 이것을 몇번이고 반복합니다. 눈을 단련하기 위하여 얼굴을 움직이지 말고 펼때는 오른손을 보고 숨을 들이마시며 본래로 되돌아 올 때는 왼쪽 손을 봅니다.

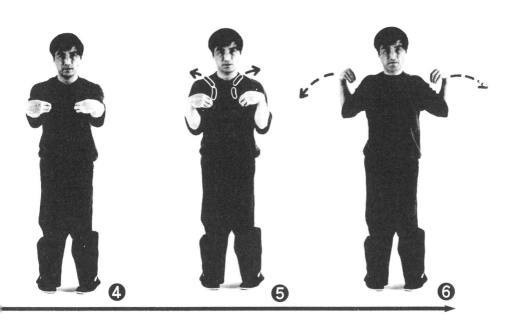

3. 쌍룡출해(双龍出海)

① 우선 닫은 발 서기(閉足立)에서 다음의 요령으로 마보(馬步)가 되도록 합니다.

② 뒤꿈치를 밖으로 벌립니다.

③ 발 끝을 밖으로 벌립니다.

④ 다시 뒤꿈치를 밖으로 벌립니다.

⑤ 다시 발 끝을 밖으로 벌립니다.

⑥ 뒤꿈치를 똑바로 고치고, 바른 마보(馬步)가 되도록 합니다.

⑦ 양 주먹에 힘을 모아서 위로 찔러 올립니다.

⑧ 양 팔꿈치를 힘있게 좌·우로 벌립니다.

⑨ 주먹을 벌리고, 천천히 양 주먹을 아래로 누르며 내립니다. 어깨를 조이고, 힘있게 행합니다. 몸보다 약간 앞쪽의 아래로 눌러 내리는 것입니다.

⑩ 양 손바닥을 눌러 붙이듯이 합장합니다.

⑪ 팔꿈치를 힘있게 내린 채, 양 손을 좌·우로 천천히 벌립니다.

⑫~⑬ 양손을 허리에 끌어 당겨 붙인 다음, 양 겨드랑이로 올립니다.

⑭ 다시 천천히 양손을 누르듯 내밉니다. 손가락 끝, 특히 인지의 손가락은 똑바로 앞으로 향하게 합니다.

다시 ⑫로 돌아가서 최저 3번은 반복합니다. 이 동작이 쌍룡출해(双竜出海) 입니다.

①에서 ⑪에 이르도록 실시하고, ⑫ 이후의 쌍룡출해(双竜出海)를 3번 반복하면, 이미 서있는 발이 상당히 피곤해질 것입니다. 또 팔꿈치와 손목을 힘있게 구부렸기 때문에 손목이 단단한 사람은 손을 눌러 내미는 동작도 상당히 피곤할 것입니다. 이 쌍룡출해(双竜出海)에 의해 팔, 허리, 선다리(立足)를 충분히 단련할 수 있읍니다. 호흡은 손을 끌어 당겨 붙일 때 들이마시고, 내밀 때는 내 뿜습니다. 동작에 힘이 들어가지만, 호흡은 코로 부드럽게 행합니다.

학수단련법(鶴手鍛錬法)과 반대적인 훈련입니다.

4. 鶴首올리기

① 마보(馬步)가 되도록 하고, 양 주먹을 허리에 준비합니다.

② 왼 주먹을 찌르고, 팔꿈치를 내리고, 작고 무겁게 찌릅니다.

③ 왼손을 찌르는 손의 위치에서, 오른쪽 아래로 누릅니다. 누른 손을 너무 몸으로 가깝게 해서는 안됩니다.

④ 왼손을 누른손의 위치에서 다섯 손가락을 모으고 손목을 구부리면서, 튕겨오르듯이 올립니다.

다음에 오른손으로 반대 동작을 연습합니다. 단교수(短橋手)의 훈련에서는 그다지 속도에 구애되지 말고 한 줄기의 근육의 움직임을 확실히 하면서 행하려는 생각으로, 착실히 연마하여 들어 올리는 것이 중요합니다.

③ ④

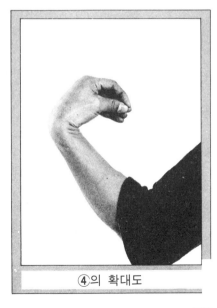

④의 확대도

5. 소익수(小翼手)

① 일단, 왼손을 가볍게 오른쪽으로 올립니다.

② 손목을 구부리면서, 비스듬하게 내리는 듯한 기분으로, 왼손을 허리에 끌어당겨 붙입니다.

③ 다섯개의 손가락을 작게 꺽고, 손목을 단단히 구부리고 조금 비스듬하게 앞으로 찔러 올립니다.

④ ②와 같은 요령으로, 왼손을 허리에 끌어 당겨 붙입니다.

⑤ 똑바로 앞쪽으로 팔꿈치를 내리고 관수(貫手) 합니다.

설명도 ② ③ 의 용법

③ ④

설명도 ④의 용법

⑤

6. 남파(南派) 소림(少林)의 찌르기

① 닫은 발 서기(閉足立)에서 왼발을 힘있게 내 디디고, 허리를 내리고 왼손의 엄지쪽을 오른쪽 겨드랑이에 붙입니다.

② 허리를 강하게 회전하고 좌교수(左橋手)를 왼쪽으로 뻗읍니다. 팔꿈치를 단단히 내립니다.

③ 오른쪽 주먹을 강하게, 짧게 찌릅니다.

④~⑥ 일보 전진하여 반대동작을 합니다.

서는 방법은 북파보다 전·후의 폭이 짧고, 좌·우의 폭은 어깨의 넓이 정도로 벌립니다.

7. 단교수(短橋手)의 상대 훈련

남파식의 궁보(弓步)에서, 서로 무릎을 붙이고 서서 교수(橋手)를 마주 걸고, 왼쪽 오른쪽으로 서로 누릅니다. 힘을 모아서 겨루는데, 손 이외에는 고정시키고 몸의 반동을 이용하지 않도록 주의합니다.

좌·우 교체하여 단련합니다(①~②).

8. 당천포(當天砲)

① 일단 마보(馬步)가 되게 하고, 양 주먹을 허리에 댄 다음, 왼쪽으로 허보(虛步)를 실시하고, 동시에 오른쪽 주먹을 뒤쪽 아래(下段)에 준비합니다.

②∼③ 궁보(弓步)를 행하고 아래에서 팔꿈치를 단단히 구부려 오른쪽 주먹을 찔러 올립니다. 소위 어퍼커트(upper cut)입니다. 한참 오른쪽을 연습하고 마보(馬步)로 돌아간 다음, 반대 기(技)를 연습하도록 합니다.

63

9. 학수추격 (鶴首捶擊)

① 마보(馬步)에서 궁보(弓步)로 변하면서, 왼손을 왼쪽에서 준비합니다.

② 왼쪽에서 퍼 올리듯이 팔을 구부려 올립니다.

③ 올린 위치에서 왼쪽 손바닥을 앞쪽으로 폅니다.

④ 왼쪽 손바닥을 쥐듯이 강하게 허리로 끌어 당기고, 마보(馬步)가 되도록 하고, 오른쪽 주먹을 찌릅니다.

용법 설명도①

10. 호접장(蝴蝶掌)

① 닫은 발 서기(閉足立)

② 일단 양손을 위로 올리고, 왼발로 오른발 앞으로 둥글게 내 디딥니다.

③ 오른발을 내 디디는 것과 동시에 양손을 왼쪽 하단으로 내립니다.

④ 오른발을 둥글게 왼발 앞으로 디뎌 넣으면서 양손을 왼쪽에서 위로 선회합니다.

⑤ 오른발을 내 디디고, 양 손바닥을 대칭적으로 오른쪽 겨드랑이에 댑니다.

⑥ 왼발을 일보 비스듬하게 전진하고, 허리에 힘을 모읍니다.

⑦ 양 손바닥을 허리의 비틈과 함께 자신의 몸의 중심선상의 정면의 방향으로 향하여 찔러 뻗읍니다. 왼쪽 손바닥은 상대의 중단, 오른쪽 손바닥은 하복부에 댑니다.

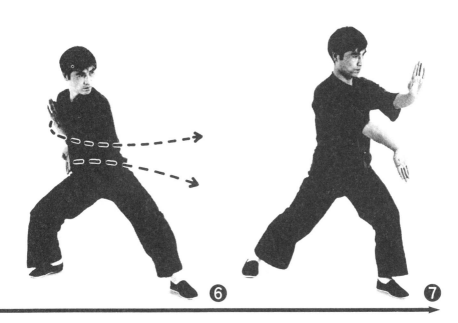

1. 입문의 장

⑧ ⑨ ⑩

⑧~⑫ 발은 둥글고 작게 천조적(千鳥足)을 반복하고("기린·보"라고도 합니다) 오른쪽 비스듬히로 반대의 기술을 사용합니다. 호접장(蝴蝶掌)은 남파 소림의 전형적인 기법입니다.

용법 설명도①

6. 장교수(長橋手)의 연습
― 팔을 길게, 빠르게 사용하는 훈련 ―

1. 어깨를 부드럽게 하는 운동

① 어깨를 내리고 닫은 발 서기(閉足立). 양손은 단단히 허리에 댑니다.

② 왼쪽 발부터 조금 먼쪽에 디디고 전진하여 마보(馬步)가 되도록 합니다.

③ 궁보(弓步)가 되게 하고, 오른쪽 어깨를 가능한 한 왼쪽으로 비틀어 내립니다. 이대로 한참 움직이지 않습니다. 등의 가운데에서 어깨에 걸쳐 비스듬히 기력을 짜내고, 어깨가 아래로 조금씩 내려가는 것처럼 의식하도록 합니다.

④ 다시 정면에서 마보(馬步)를 하고, 왼쪽 어깨를 강하게 아래쪽으로 짜듯이 내리고, 그대로 자세를 한참 유지하고, 왼발을 끌어 당겨서 ①의 자세로 되돌아 갑니다. 여러 걸음 왼쪽으로 전진하고, 같은 요령으로 반복하고, 그리고 오른쪽으로 되돌아 반대 동작을 연습하도록 합니다.

특히 참고 그림과 같이 어깨를 지점으로, 팔꿈치를 낀 채 양손을 앞에서 뒤로, 뒤에서 앞으로 선회시키는 운동도 중요합니다. 어깨는 손의 일부입니다. 손을 길게 하기 위해서는 어깨를 부드럽게 하는 것 외에는 방법이 없습니다.

참고도 : 어깨 부드럽게 한다(팔의 선회)

❹

2. 삽추기본(揷捶基本) 훈련

① 양 주먹을 허리에 대고 닫은 발 서기(閉足立)

② 왼발부터 왼쪽으로 가능한 한 멀리 날려 디디고, 오른발을 끌어 당겨 붙이고, 단단히 선 자세(步立)가 되게 합니다. 이 가까이 한 발로 뛰어드는 것을 '표마(標馬)'라고 합니다.

③∼④ 일단 오른쪽 주먹을 귀 옆으로 올린 다음, 서있는 발을 궁보(弓步)로 바꾸고 오른쪽 주먹을 앞으로 비틀듯이 찔러 넣읍니다. 이 자세에서 한참 정지하도록 합니다.

⑤ 다시 마보(馬步)로 되도록 하면서, 왼쪽 주먹을 비틀어 넣듯이 찌릅니다. 한참 이 자세를 유지한 다음, 74페이지의 연환팔자(連環八字) 치기에 들어 갑니다.

익숙해지면 가능한 한 동작을 스무스하게 연환시키고, 스피드를 중시하여 연습합니다. 특히 삽추(揷捶)는 본래 '반지권(半指拳)'을 사용하여 행합니다(p. 110참조) (서있는 발을 바꿀 때는, 허리의 솜씨를 양성하기 위해서 발바닥에 뜻(意)을 모아서 재빨리 변화합니다).

❹   ❺

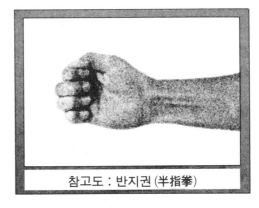

참고도 : 반지권 (半指拳)

⑥   **⑦**

3. 연환팔자(連環八字) 치기의 기본동작

⑥ 73페이지의 ⑤의 자세에서, 일단 왼손을 그대로 오른쪽 하단으로 이동합니다.

⑦~⑧ 일단 오른쪽 하단으로 흔들어 올린 다음, 비스듬히 흔들어 내립니다. 주먹의 엄지쪽, 또는 팔의 안쪽에서 치는 기분으로 합니다.

⑨~⑩ 일단 왼손을 상단에 흔들어 올린 다음, 비스듬히 쳐 내립니다. 다시 ⑦~⑧의 동작으로 들어가, 어깨를 지점으로 팔을 팔문자(八文字)로 흔들어 돌리고, 반복 연습합니다.

적당히 반복했으면, ⑧의 자세에서 손, 발을 ①로 바꿉니다. 의식은 항상 팔의 안쪽으로 모읍니다. 또 팔꿈치를 구부려 스냅을 사용하면, 어깨의 회선력(回旋力)을 양성할 수 있게 되기 때문에 항상 팔꿈치는 편채 흔들어 돌립니다.

중국 권법과 어깨

중국 권법에는 어깨를 손의 일부로 보고, 등 가운데부터 어깨를 통해, 손가락 끝까지 기력을 일관시켜, 부드럽게 팔을 내 찌르고, 또는 채찍과 같이 혼들어 돌리고, 다양한 기를 사용하는 문파가 많습니다. 이러한 계통의 권법은 연습도 우선 어깨의 유연 운동에서부터 시작할 정도입니다. 또 힘을 모아서 팔은 짧고 무겁게 사용하는 것으로 유명한 남파 소림 홍문가(洪門家)에서도 어깨를 결코 소홀히 하는 일 없이 옆구리를 누르고, 어깨를 가능한 한 아래로 짜듯이 내립니다. 따라서 중국 권법의 연습자는 일반적으로 어깨가 소위 '부드러운 어깨' 상태로 되어 있어서 그것은 마치 손이 길어진 것 같이 보이는 것입니다.

4. 반장타(反掌打)

① 닫은 발 서기(閉足立). 귀 옆에서 오른쪽 주먹을 왼쪽 손바닥과 맞붙여 놓고 준비합니다.

②~③ 오른발을 내 디디면서(또는 좁은 틈을 상상으로 정하여 왼발을 뒤로 끌어 당겨도 좋읍니다) 오른쪽 주먹을 크게 뒤쪽으로 넘기면서, 왼팔을 비틀어 왼쪽 손바닥을 중단, 또는 하단으로 찌릅니다.

이것이 반장타(反掌打)입니다. 익숙해지면 ④~⑥의 팔자타(八字打)와 조합하고 가능한 한 스피드를 붙여서 연속시킵니다.

③

⑤　　　　　⑥

5. 퍼올리듯이 치기

① 우선 닫은 발 서기(閉足立)에서 왼발을 왼쪽 앞으로 내디디면서, 양손은 크게 전·후로 벌립니다.

②~③ 왼쪽 비스듬히 궁보(弓步)가 되도록 하면서, 팔을 편 채 힘을 모으고, 스피드를 붙여 크게 상단으로 퍼 올리듯이 칩니다. 앞쪽의 왼손은 오른손과 대칭적으로 뒤쪽으로 흔들어 올리는데, ①의 동작은 상대의 팔등을 뿌리치는 기운, 또 ②의 동작은 상대의 팔을 아래로 보내는 듯한 의식이 중요합니다.

④ 우선 오른손을 상대의 팔에 얽히게 하는 기분으로, 밖으로 돌려서 작게 돌리면서 오른발을 오른쪽으로 비스듬히 내 디딥니다.

⑤ ③의 반대 동작을 행합니다. 비스듬하게 앞으로 걸음을 전진하고, 체중을 이동할 때 몸의 비틈을 이용하면, 힘이 붙은 힘있는 퍼 올려 치기 동작이 됩니다. 전진하면서 좌·우로 바꾸어 연습합니다.

6. 권각연속기(拳脚連続技)

① 닫은 발 서기(閉足立)에서, 왼발을 왼쪽으로 벌려 마보(馬歩)가 되도록 하면서, 왼쪽 주먹을 오른쪽 허리에, 오른손은 왼쪽 팔꿈치의 밖을 쳐 내리듯이 하면서 움직여, 양손을 배 앞에서 교차합니다.

② 오른손을 허리에 끌어 당겨 붙이면서, 그 오른손의 안쪽에서 마치 빼어 찌르듯이 왼쪽에서 왼쪽 주먹을 내어 찌릅니다.

③ 서있는 발을 마보(馬歩)로 바꾸고 오른쪽 손을 찌릅니다.

④ 허리를 내린 채, 왼쪽 찌르기와 오른쪽 하단 차기를 동시에 행합니다. 십자료음퇴(十字僚陰腿)라고 불리우는 중·하단을 동시에 공격하는 기법입니다. 차기는 발등으로 하단을 차 올리는 기법이기 때문에 높게 차서는 안됩니다. 무릎의 스냅을 살리고, 허리의 높이를 넘지 않도록 기(技)를 정합니다.

③ ④

《비권(秘拳)》

홍권(洪拳)전설 반역의 소림권(少林拳)

청(淸)말에 격렬한 레지스탕스 운동을 전개했던 비밀 결사 '천지회(天地會)'는 그 후 손문 등의 근대 혁명 운동에 합류되어, 중국 혁명사에 이름을 남기는 결과가 되었는데, 그 창시의 전설에서 말하는 '우리들 천지회는 청조(淸朝)에 의해 소림사가 태워지게 되었을 때, 살아 남은 다섯명의 고승에 의해 청조 정부 타도, 명조(明朝) 국가 재건을 위해 조직되어진 것입니다' 라고 되어 있읍니다. 홍권 전설에 의하면, 이 때의 고승의 필두가 소림권의 달인(達人)인 지선선사(至善禅師)이고, 이 아래에 홍회관(洪熙官), 방세옥(方世玉)이라고 하는 두 명의 젊은 사제자가 있었읍니다. 홍회관(洪熙官)은 복건성의 출신으로 처음에 지선선사(至善禅師)에게서 단교수(短橋手)를 훈련받고, 강강(剛强)의 권법을 터득했었는데, 청조정부에 속해 있는 내가권(内家拳：柔派권법)의 달인인 마도덕(馬道德) 및 그의 스승인 무당산(武堂山)의 백미도인(白眉道人)을 타도하기 위해서 후에 학권(鶴拳)을 받아 들여, 마침내 강·약을 함께 갖춘 호학쌍형권(虎鶴双形拳)의 형(型)을 편착해 냈고, 홍권(洪拳)의 일파를 열었다고 합니다. (洪拳의 型으로서는, 이외에도 工字伏虎拳, 鉄線拳, 小羅漢拳 등이 유명합니다. 본서에서 소개한 短橋手의 훈련법은, 모두 小羅漢拳을 배우기 위한 기본 훈련법입니다)

혈기 왕성한 남방의 중국인은 어렸을 때부터 이런 홍권(洪拳)의 피끓고 살이 에이는 권호(拳豪) 이야기를 들으면서 자라고 있읍니다. 근년, 홍콩(香港)에서 상연되었던 권법영화 중, 소림권에 관한 것은 이 홍권 전설을 각색했던 것이 많습니다. 홍권의 역사를 더듬어 가려 하는 마당에 나는 우선 이런 권법 영화의 원작을 구해 보는 것에서 출발하려 했읍니다. 그래서 그 원작의 대부분이 아시산인(我是山人)이라고 하는 펜 네임을 갖고 있는 대중소설가의 옛날 작품이었다는 것을 알았읍니다. 그는 실재의 무술가와 교류가 깊고, 어려서 부터 홍콩(香港)에서 홍권(洪拳)을 널리 퍼뜨린 임세영(林世栄)과 특히 친분이 있었던 것 같습니다. 현재에도 홍콩(香港)에 있는 홍권은 임세영(林世栄)의 계통이 가장 많습니다. 임세영의 스승은 근대 남방의 권호(拳豪)로서 유명한 황비홍(黄飛鴻)입니다. 소한생노사(邵漢生老師)가 홍권을 배운 마영표(馬栄標)도 이 황비홍(黄飛鴻)의 직문(直門)이었읍니다.

황비홍(黄飛鴻)은 만년에 홍콩에 살면서, 같은 곳에서 세상을 떠났는데, 그 부인이 그 뒤에도 계속 오래 홍콩에서 살았었기 때문에 나도 사진을 본 적이 있었읍니다만, 근년의 소식은 모르겠습니다. 충실하게 더듬어 볼수 있는 것은 여기까지입니다.

2.초기권의 장
— 남북 소림의 '정화권(精華拳)'

초기권(初基拳)

▲소한생노사(邵漢生老師)

초기권은, 소한생노사(邵漢生老師)가 광주정무회(広州精武会)에 있으면서 반생을 걸려 배운 탄퇴(彈腿)·당랑(螳螂)·응과(鷹爪)·나한문(羅漢門)의 북파 소림권 4문과 홍권(洪拳)·채이불(蔡李仏)의 남파 소림권 2문의 기법의 기본을 조합하여 창편(創編)한 초기선도(初基先道)의 입문형(入門型)입니다.

일반적으로 초기권이라고 불리우고 있는데, 소노사(邵老師)는 이 형을 정식으로는 '힐화권(拮華拳)'이라고 이름 지었읍니다.

'남파 소림의 정화를 전하는 권법의 형'이라는 의미입니다.

임장송선생(林章松先生)에 의하여 이 형에는 소노사(邵老師)가 일찌기 사사했던 각 문파의 선생이 형을 기념하려는 생각이 들어 있다고 합니다. 형(型)으로는 소노사(邵老師)가 창편했던 것인데, 어느 동작도 각 문파의 선생들이 각각 길고 고된 훈련 끝에 연마한 것이 대부분이고, 그런 의미에서도 유파를 초월하여 이상적인 입문형이라고 말할 수 있을 것입니다.

초기권(初基拳)은 횡일문자의 연무선 상을 3번 왕복합니다. 즉, 합계 육로(六路)로 구성되는 형(型)입니다.

전반 4로(前半四路)는 탄퇴(彈腿)의 기본기를 중심으로 하는 북파 소림계이고, 제 5로(路)가 홍가권(洪家拳), 제 6로(路)는 채이불(蔡李仏)파의 특기인 기(技)입니다. 따라서 전반 4로(前半四路)는 기본 그대로 편안하게 손, 발을 사용하고, 제 5로(路)로 찬찬히 연마하며, 최후의 제 6로(路)는 기백을 넣고, 가능한 한 빠르고, 날카롭게 연기하여 형(型)을 만들어 나갑니다.

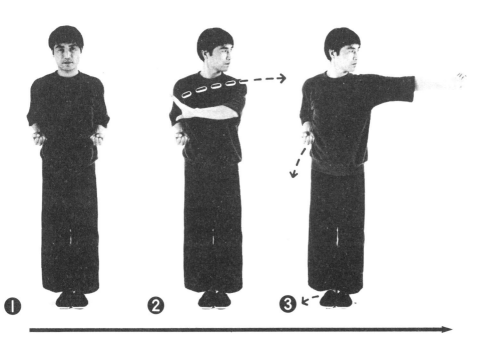

제 1 로(第一路)

1. 회권(廻拳 : 돌려 치기)

① 닫은 발 서기(閉足立)로 양주먹을 허리에 당겨 붙이고 '용의(用意)'의 자세를 취합니다.

②~③ 왼쪽으로 얼굴을 향하고, 엄지와 네개의 손가락의 사이를 크게 벌리고, 상대의 팔을 잡듯이 왼쪽으로 폅니다. 기(技)를 정할 때 손가락을 작게, 강하게 구부려 응과수(鷹爪手)가 되도록 합니다.

④~⑥ 상대를 가까이 끌어 당기면서 권안(拳眼 : 주먹의 엄지쪽)으로 돌려 칩니다. 주먹은 오른쪽에서 돌려 치고, 오른쪽 가슴 앞에서 멈춥니다.

2. 초기권의 장

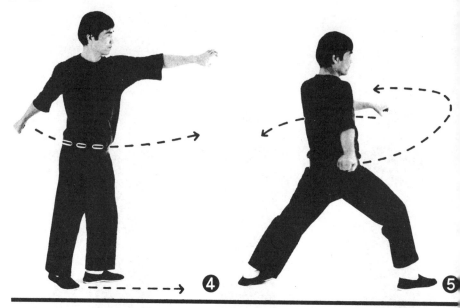

2. 순번차권(順翻車拳)

⑦ 오른쪽 주먹을 오른쪽 가슴에서 머리위 흔들어 올립니다.

⑧~⑩ 양 팔을 뒤에서 앞으로 연속적으로 흔들어 돌립니다.

어깨를 지점으로 팔을 편채, 가능한 한 빨리 흔들어 돌립니다. 서있는 발을 고정시키고, 어깨를 포함한 팔 이외에는 조금이라도 움직이게 해서는 안됩니다. 주먹을 부드럽게 쥐고, 호흡을 코로 희미하게 내 뿜으면서 흔들어 돌리면 편안합니다. 연무한때는 5회째 ⑩에서 정지하도록 합니다.

❻

❾

❿

3. 역번차권 (逆翻車拳)

⑪～⑫ 우선 오른쪽 주먹을 거꾸로 튕겨 올린 다음, 양팔을 아래에서 위로 연속적으로 흔들어 돌립니다. 손, 어깨 이외는 서있는 발을 고정시키고, 몸의. 중심선이 흐트러지지 않도록 합니다.

⑬ 최저 4회는 연속시키고, 5회째에 오른쪽 주먹을 팔꿈치에서 구부려 오른쪽 가슴 앞에 댑니다.

4. 도약전진 (跳躍前進)

⑭～⑯ 발목의 탄력성을 사용하여 부드럽게 도약, 전진합니다.

⑬

⑮

⑯

5. 번차권 (翻車拳) (順·逆)

⑰~⑱ ⑦~⑬과 같은 요령으로 순
번차권(順翻車拳), 역번차권(逆翻車拳)
을 실시합니다.

⑱

6. 괘타천심권 (掛打穿心拳)

⑲~㉑ 번차권(翻車拳)의 수세(收勢)에서 우선 오른쪽 주먹을 앞으로 펴, 주먹의 등으로 아랫쪽으로 쳐 내리면서, 왼쪽 주먹으로 중단을 찌릅니다.

91

㉒   ㉓

제 2 로 (第二路)

7. 추각연격 (捶脚連擊)

㉒ 뒤쪽을 되돌아보고 왼쪽 주먹을 오른쪽 허리에 준비하고, 오른쪽 주먹으로 왼쪽 팔꿈치의 밖을 내리듯이 준비자세를 갖춥니다. 다음의 준비 동작인 것입니다.

㉖   ㉗

㉓ 똑바로 왼쪽 주먹을 오른 팔의 안쪽에서, 마치 칼을 빼내는듯한 느낌으로 왼쪽으로 내 찌릅니다. 이것을 와두권(窩肚拳)이라고 합니다.

㉔ 천심권(穿心拳 : 중단찌르기를 일반적으로 '천심권(穿心拳)'이라고 합니다.)

㉕ 십자료음각(十字撩陰脚). 익숙해지면, ㉒~㉕를 연속시키고, 따라서 반대 동작(㉖~㉙)을 실시합니다.

제 3 로 (第三路)

8. 번신벽권 (翻身劈拳)

㉚ 오른쪽 주먹을 허리에, 왼쪽 발을 오른쪽 무릎의 옆으로 되돌립니다.

㉛ 똑바로 뒤쪽에서 찌르기를 상상으로 정하고 우선 가볍게 왼쪽 손바닥을 머리위로 올려 몸을 비틀어 도약합니다. 부드럽게 높게 날도록 합니다.

㉜ 착지와 함께 권추(拳槌)를 쳐 내립니다.

㉛ ㉜

㉟

9. 좌천심권 (左穿心拳)

㉝ 왼쪽 손바닥으로 중단을 찌릅니다.

10. 액하권 (腋下拳)'

㉞ ㉝의 찌르는 손을 휘어잡는다고 가 상하고, 기마자세 (騎馬立) 가 되도록 하면서, 오른쪽 주먹을 아래에서 왼쪽 허리앞으로 찔러 넣읍니다.

㉟ 손을 좌·우로 힘있게 흔들어 나누 어 보냅니다. 왼손을 끌면서 오른손으로 상대의 겨드랑이 아래 등을 공격하는 기 (技) 입니다.

95

36

37

11. 박주등각(迫肘蹬脚)(左)

㊱ ㉟에서 몸을 비틀어, 앞쪽으로 왼쪽 팔꿈치를 쳐 내고, 오른손은 동시에 왼쪽 손목을 강하게 잡습니다.

㊲ 똑바로 등각(蹬脚)(型에서는 높게 찹니다. 무릎의 스냅을 사용하면서 펴올리듯이 찹니다)

12. 와두권(窩肚拳)(左)

13. 천심권(穿心拳)(右)

㊳~㊵ 연속적으로 실시합니다.

14. 액하권(腋下拳)(左)

㊶~㊷ 마보(馬步)가 되도록 하면서, 힘있게 좌·우로 양손을 쳐 벌립니다.

40

15. 박주등각(迫肘蹬脚) (右)

㊸ 오른쪽 팔꿈치를 쳐내고, 왼손으로 오른손 손목을 꽉 잡읍니다. 왼손에는 상대의 팔을 잡고, 가까이 끌어당겨, 상대의 몸을 무너뜨린다는 의미가 있읍니다.

㊹ 오른발을 편 채, 퍼 올리듯이 찹니다. 실제는 팔꿈치 치기로 흐트러진 상대의 하단을 뒤꿈치로 차 넣는 기(技) 입니다.

16. 부퇴피세(仆腿避勢) (左)

㊺~㊻ 오른발의 착지와 동시에 몸을 내려서 부보(仆步)가 되도록 하면서, 왼쪽 주먹을 허리에 대고, 오른쪽 주먹을 밖으로 돌려 크게 흔들어 올려, 머리위에서 준비합니다. 몸을 낮추는 것에 의해 상대의 공격(攻擊)을 피하는 일종의 몸기술 입니다. 왼손에는 팔꿈치 받음이라는 의미가 있읍니다.

제 4 로(第四路)

17. 부퇴쌍봉수(仆腿双封手) (右)

㊼~㊽ 왼발에 중심을 두고, 오른발을 일보 앞으로 전진하면서 상단찌르기를 상상으로 정하고, 양손을 단단히 벌리고 안면을 통과시켜 부퇴(仆腿)가 되게 하면서 양손을 아래로 내립니다.

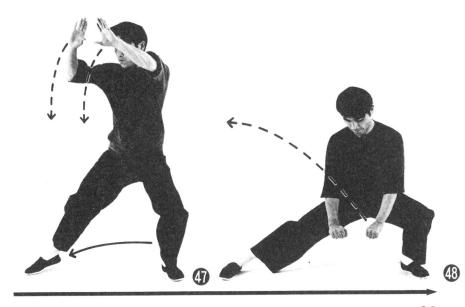

18.연환단타(連環短打)-1

⑭~㊿ 몸을 일으키고, 궁보 (弓步)가 되도록 하면서, 양손은 ㊽의 위치에서 짧게 왼쪽 주먹, 오른쪽 주먹을 연속하여 찌릅니다. 끌어 당긴 손은 찌르는 손의 팔꿈치 안쪽에 준비합니다. 이 끌어 당긴 손에는 상대의 팔을 누른다는 의미가 있어서 '복수(伏手)'라고도 부릅니다.

19.부퇴피세(仆腿避勢)(右)

㊿ 체중을 다시 뒷발에 두고 부보(仆步)가 되도록 하면서 오른쪽 주먹을 허리에 대고, 왼쪽 주먹을 크게 뒤쪽에서 흔들어 올려 머리 위에서 준비합니다.

㉒ **㉓**

㉕

㉔

20. 부퇴쌍봉수 (仆腿双封手) (左)

㉒~㉓ 왼발을 가볍게 앞으로
전진시키고, 발바닥에 뜻(意)을
모으고, 강하게 몸을 내리고 부
보(仆步)가 되도록 하면서, 양손
으로 상대의 가슴을 잡아 누르듯
이 아래로 내립니다.

이 경우의 부보(仆步)는, 상대
의 서있는 발을 무너뜨린다 라는
적극적 의미가 있습니다.

21. 연환단타 (連環短打)-2

㉔~㉕ 몸을 일으켜 궁보(弓
步)가 되도록 하고 작게 찌릅니
다.

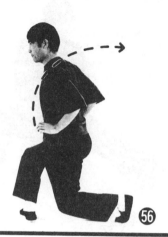

제5로(第五路)

22. 궁보호권(弓步虎拳)(右)

⑤⑥ 앞발을 일보 후퇴시킴에 따라 양손의 손가락을 얕게 구부리고 힘을 넣어 (이것을 虎手, 또는 虎爪拳이라고 합니다) 양 허리에 댑니다.

⑤⑦ 발의 위치 그대로 뒤쪽으로 몸을 전환시키면서 왼손은 가볍게 내찌릅니다.

⑤⑧ 우호수(右虎手)로 힘을 모으고, 비벼 올리듯이 그리고 상단으로 찔러 올립니다. 오른손을 아래에서 반원을 그려 허리에 끌어 당겨 붙입니다.

23. 쌍익수(双翼手)

⑤⑨~⑥⑩ 일단 양손을 교차시킨 다음 허보(虛步)가 되도록 하고 양손을 좌·우로 벌립니다.

24. 사수분각(蛇手分脚)(右)

⑥①~⑥③ 양손을 왼쪽에서 선회하여 역반신으로 내리고, 똑바로 분각(分脚)합니다.

⑤⑧

⑥⓪

⑥⓪의 정면도

⑥②

⑥③

103

⑥④ **⑥⑤**

25. 궁보호권 (弓步虎拳) (右)

⑥④~⑥⑤ 오른발을 착지하면서, 양손을 호권(虎拳)으로 바꾸고, 단단히 궁보(弓步)가 되도록 하고 왼손을 찔러 올립니다. 홍가문(洪家門)의 특기인 기술이기 때문에 남파식 궁보(弓步)에서 팔에 힘을 넣어 짧고 무겁게 기를 사용합니다.

26. 쌍익수 (双翼手)

⑥⑥~⑥⑦ 일단 양손을 하단으로 교차시키면서, 허보(虛步)로 되도록 하면서 팔꿈치를 몸으로 끌어 당겨 붙이고 양손을 단단히 밖으로 향하게 하여 좌·우로 벌립니다.

27. 사수분각 (蛇手分脚) (左)

⑥⑧~⑦⑩ 연반신에 허리를 내리면서, 양손을 왼쪽으로 돌리면서 선회시켜, 상대의 찌르는 것과 차는 것을 받아 내리고, 똑바로 분각(分脚).

⑥⑥

⑥⑧

28. 궁보호권 (弓步虎拳)

⑦~⑦ 왼발을 착지시키면서 양손을
호권(虎拳)으로 바꾸고, 양발에 힘을 모
아 궁보(弓步)가 되게 하고, 오른손을
비벼 올리듯이 찔러 올립니다. 왼손은
힘을 모아 허리에 끌어 당겨 붙입니다.

제6로 (第六路)

29. 금나단란수 (擒拿單欄手)

⑦~⑦ 뒤쪽을 보며 마보(馬步)가 되
도록 하면서, 왼손으로 가상 상대의 팔
을 잡습니다. 잡은 손은 호권(虎拳)보다
더욱 깊게 다섯 손가락을 구부립니다.

⑦~⑦ 오른손 그대로, 왼발을 전진
하여 마보(馬步)가 되도록 하면서, 일단
왼손을 오른쪽 상단에 흔들어 올린 다음
허리를 내리고 왼손을 뒤쪽으로 보냅니
다. (左單欄)

⑦~⑦ 왼발을 디디고, 일단 양손을
오른쪽으로 보내고 왼손으로 우선 상대
를 잡고 전진하여 우단란(右單欄)을 실
시합니다.

30. 괘타관수(掛打貫手)

⑧⓪~⑧② 일단 몸을 비틀어 오른쪽을 걸
어 칠 것을 준비합니다. 동시에 왼손을
허리에 끌고, 검지(劍指 : 二本貫手)를 준
비합니다(⑧⓪). 그다음 오른쪽 주먹으로
크게 걸어 치면서, 왼손으로 상단을 찌
릅니다.

31. 연환팔자(連環八字) 치기

⑧③~⑧④ 손목을 아랫쪽으로 구부리고,
어깨를 지점으로 왼손을 크게 아래에서
한바퀴 돌려 가상의 적을 잡읍시다.

⑧⑤ 똑바로 마보(馬步)가 되도록 하면
서, 왼손으로 상대를 아래로 잡아 당기
고, 오른손을 뻗은채, 크게 비스듬히 쳐
내립니다(이것을 '소추(捎捶)'라고 합니
다.).

⑧⑥ 똑바로 궁보(弓步)가 되도록 하고,
오른손을 비스듬하게 쳐 올립니다. '표
당(標撞)'이라고 합니다.)

⑧2

⑧4

⑧5

⑧6

87　　**88**

32. 삽추연격 (插捶連擊)

⑧⑦~⑧⑨ 우선 앞발을 가볍게 반보　당기고, 양손을 뒤로 흔들어 나누어, 그 힘을 이용하여 앞 무릎을 올리면서 양손을 귀 근처에 준비합니다(왼쪽은 손바닥, 오른쪽은 반지권(半指券) —— 정식으로는 '강지(畫指)' 라고 합니다.

앞발부터 가능한 한 멀리, 빠르게, 끌어당기는 발로 날아 오르고 우단지권(右半指拳)을 비틀어 넣듯이 찌릅니다('음삽(陰揷)').

⑨⓪~⑨② 똑바로 앞발은 들고,　양손을 머리 위에 올리고, 좌·우로 나누어 허리에 준비합니다. 가까이 접근하는 발로 날아 오르며 우단지권(右半指拳)을 찌릅니다('양삽(陽揷)'), 음·양의 삽추(揷捶)를 연환시키고, 상대를 따라가는 기분.

90

110

⑧⑧의 정면도

⑨⓪의 정면도

33. 좌와두권 (左窩肚拳)

⑨③~⑨④ 뒤쪽으로 돌아보고, 왼쪽 주먹을 오른쪽 허리에 준비하고, 오른손을 위에서 왼쪽 팔꿈치의 밖을 떨어뜨리듯이 준비하고, 똑바로 왼쪽 주먹을 안쪽에서 내찌릅니다.

34. 우천심권 (右穿心拳)

⑨⑤ 발바닥에 뜻(意)을 모으고, 단단히 마보(馬步)에서 궁보(弓步)로 되게 하면서, 허리를 바꾸는 힘을 이용하여 오른쪽 주먹을 중단에서 찌릅니다(북파 소림의 중단 찌르기는 일반적으로 어깨와 수평으로 찌릅니다).

와두권(窩肚拳) —— 천심권(穿心拳)은 말하자면 연속기(連續技)인 것입니다.

35. 수세 (収勢)

⑨⑥~⑨⑨ 일단 왼쪽 주먹을 작게 흔들어 올리고, 주먹 등(裏拳)으로 오른손의 손등을 치면서, 앞발을 당기면서 양손을 뒤로 흔들어 나누고, 그대로 양 뺨 앞으로 내립니다.

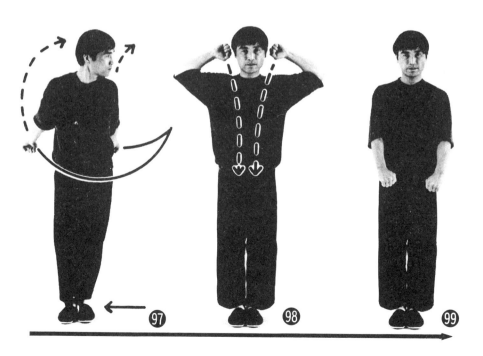

초기권(初基拳)의 분석 연구

1. 회권(廻拳)

(돌려 치기)

상대를 끌어 당겨 가까이 하고, 권안(주먹의 엄지 쪽)으로 관자놀이 등에 돌려 칩니다.

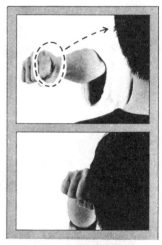

확대도 (돌려치기)

2. 순번차권 (順翻車拳)

상대의 찌르기, 또는 차기등을 아래로
내리고, 상대의 몸을 무너뜨리면서, 팔,
어깨, 머리등을 칩니다.

①

②

③

3. 역번차권 (逆翻車拳)

상대가 자신의 찌르기 등을 받고, 반격하여 나오려고 할 때 등, 똑바로 자신이 한쪽의 손을 쳐 올리고, 다시 상대의 받는 손을 내리고, 오른쪽 주먹을 짧게 찔러 내립니다 (사진의 예).

또는 연환단격 (連環短擊) 등으로 연속적으로 공격받을 때, 자신도 연속적으로 팔을 선회하고, 상대의 연속 찌르기를 끌어 올리고, 찔러 올리기나 차기 등으로 반격해 갑니다.

또 순역 (順逆)의 번차권 (翻車拳)을 조합한 기 (技)를 사용하는 것도 가능합니다.

예를들면, 일단 역번차 (逆翻車)로 연속적으로 떠올리듯 올린다음, 상대의 팔등을 집고, 또 한쪽을 순간적으로 위에서 아래로 흔들어 내리고, 팔, 머리 등을 치는 것입니다

이것은 상대가 자신의 팔, 가슴 등을 잡으러 올때도 사용이 가능합니다. 즉, 일단 위로 튕겨 올리고, 그 반동의 힘을 사용하고, 순간적으로 반대쪽의 손을 거꾸로 돌려서 쳐 내리는 기술을 쓰는 것입니다.

4. 와두권 (窩肚拳)

'와두권(窩肚拳)'은 억지로 직역하면 복은권(腹隱拳)'이 됩니다. 양손을 교차하여 배를 누르듯이 준비한 다음, 찌르는 곳을 형용한 겨일까요? 수기(手技)·족기(足技) 모두 특기로 하는 탄퇴문계(彈腿門系)의 기본입니다. 그러나 용법은, 상대의 찌르기·차기 등을 몸놀림을 하면서, 입신(入身)상태로 되어 찌르는 실용이 어려운 고급 기입니다.

준비의 경우, 다른 한쪽의 손을 찌르기 손의 팔꿈치의 바깥쪽을 미는 것은 팔꿈치 등을 누르려고 하는 상대의 팔을 밀어 없앤다고 하는 의미입니다.

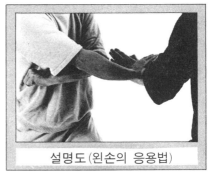

설명도 (왼손의 응용법)

5. 십자료음퇴(十字撩陰腿)

'료음퇴(撩陰腿)' 또는 '료음각(撩陰脚)'이란 하단을 발끝, 발등 등으로 차 올리는 기(技)를 말합니다. 십자등각(十字蹬脚)과 마찬가지로 찌르는 손과 조합하여 사용하기 때문에 십자료음퇴(十字撩陰腿)라고 하는 것입니다. 찌르기를 상대가 받았을 때는 똑바로 손·발을 동시에 사용하여 공격합니다. 찌르기 손과 동시에 치기를 사용하면 자신의 상체, 특히 어깨에 차기의 기분을 느끼지 않으면서 다리를 뻗는것이 가능하게 됩니다. 중국 권법에는 상대의 어깨의 움직임으로 차기의 기분을 느껴라 라고 하는 가르침이 있는데, 그것이 일반적입니다.

6. 번신벽권 (翻身劈拳)

등뒤에서의 공격에 대하여 몸을 돌
리면서 도약하여 반격합니다. 또 몸
을 비틀어 나는 동작은 선풍각(旋風
脚)의 기초 훈련입니다. 중국 권법의
도약은 가능한한 발목의 탄력을 유
연하게 사용하고, 코로 호흡을 가볍
게 사용하여 들이마시고 내뿜으며,
발 소리를 내지 않도록 부드러운 착
지를 하면 편안한 자세가 됩니다.

7. 액하권 (腋下拳)

상대에게 손을 잡혔을 때 등의 경우에 다른 한쪽 손으로 아래에서 상대의 옆배 등을 강하게 횡타(橫打)하는 기(技)입니다.

흔들어 치기 전에 양손을 몸 앞에서 교차하는 것은, 본디부터의 기본 동작인데 예를 들면 오른쪽 사진의 예와 같이 상대의 손을 쥐고 차가는 것을 안쪽부터 일단 내린다고 생각하는 것도 가능하겠지요. 이 경우는 마보(馬步)에 허리를 바꾸는 움직임이 중요한 몸 놀림의 의미를 갖는 것입니다.

8. 박주등각(迫肘蹬脚)

형(型)중에서, 팔꿈치를 칠 때, 다른 한쪽의 손으로 손목을 강하게 쥐는 것은 팔꿈치 치기를 보강하고, 팔꿈치에 힘이 들어가기 쉽게 하기 위해서이고, 또 상대를 끌어 당겨 가까이 하는 의미가 있기 때문입니다. (오른쪽 그림). 상대가 깊이 찔러 들어올 때등도, 팔꿈치 받기를 응용하는 것이 가능합니다. 상대의 찌르는 팔을 좌·우의 손으로 끼워 받아 팔꿈치 관절을 겨냥하는 기술은 중국 권업에서 때때로 볼수 있는 기(技)입입니다.

팔꿈치 치기 다음, 발바닥으로 밟아 디디듯이 차 넣읍니다.

9. 부퇴피세(仆腿避勢)

상대가 전력으로 공격해 들어올 경우 일순간 몸을 내리면 일본 무술의 깊은 뜻에 있는 소위 적보다 멀리, 나보다 가까이'에 틈이 생겨, 반격하기가 쉽습니다(①～③)

형(型) 중에서 앞손의 팔꿈치를 구부려 주먹을 허리에 대는 것은 팔꿈치 또는 내소수(內小手 : 팔의 안쪽)로 상대의 발·손을 받아 내리는 의미가 있습니다. (①) 따라서 받는 손을 명확하게 사용하여 형(型)을 실시해도 지장없습니다.

피세(避勢)의 부퇴보(仆腿步)에는 단순한 몸놀림 외에도 상대가 기를 쓰려고 하는 순간 몸을 내려, 상대의 서있는 발을 밟는다 라고 하는 적극적 용법이 있습니다. 이 경우, 발의 옆면을 단단히 내 뻗어 상대의 발목에 맞히도록 합니다.

설명도 : 피세(避勢)의 적극적인 용법

10. 부퇴쌍봉수(仆腿双封手)

쌍봉수(双封手)의 기를 사용할 때, 부퇴(仆腿)는 상대의 몸을 무너뜨리는 중요한 움직임을 합니다. 즉 ①에서 상대의 팔을 잡았을 때, 자신의 좌·우를 상대의 서있는 발의 안쪽에 가볍게 끼우고, 똑바로 발바닥에 의(意)를 모아 무릎안을 뻗어 땅을 문지르듯이 오른쪽 발을 폅니다. 그렇게 하면, 지레의 원리로 상대의 서있는 발이 무너지기 때문에, 몸의 중심도 무너져서, 용이하게 상대를 제지할 수 있게 됩니다.

부퇴피세(仆腿避勢)·부퇴쌍봉수(仆腿双封手) 등을 시작으로 해서 그 외에도 북파계에는 부보(仆步)는 여러가지로 활용되고 있습니다. 북파 소림을 배우기 위해서는 부보(仆步)에는 충분히 익숙해 있어야 합니다.

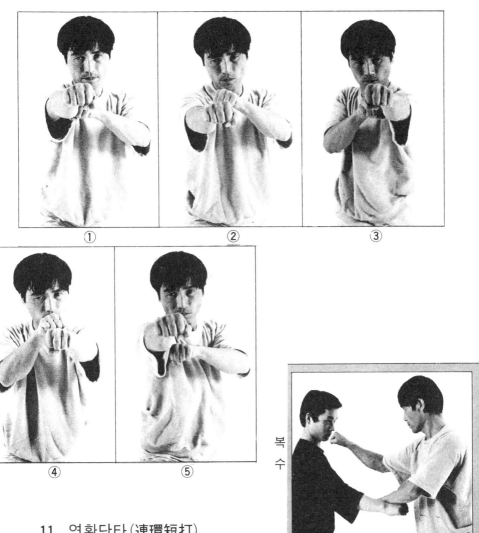

① ② ③

④ ⑤

복
수

11. 연환단타(連環短打)

　연환단타(連環短打)는 사랑권(蛇螂拳) 등이 상당히 특기입니다. 연습의 요령으로
서는 ①의 자세에서 오른쪽 주먹을 아래에서 끌어 당기면서 왼쪽 주먹을 위에서 찌
릅니다(②~③). 다음에 그 반대에서 왼쪽 주먹을 아래에서, 오른쪽 주먹을 위에
서 옮겨 찌릅니다. 이렇게 해서, 조금 상·하로 원을 그리며 전환시키면, 스무스하
게 연환시키는 것이 가능하고, 작고 멀리 계속 찌르기를 하는 것이 가능한 것입니다.
특히 쓰는 손은 '복수(伏手)'라고 하며, 상대의 찌르기를 누르는 의미가 있습니다.

125

12. 호권 (虎拳)

호권(虎拳)은 홍가권(洪家拳)의 특기, 그중에서 손으로 하는 특기입니다. 특별히, 호형(虎形)과 학형(鶴形)을 받아들인 홍가권(洪家拳)의 '호학쌍형권(虎鶴双形拳)'이라고 하는 형은 남파 소림의 법법 사상 저명한 형이고, 다수의 전설을 낳고 있읍니다.

호권(虎拳)의 기본적 사용 방법에는, 궁보호권(弓歩虎拳)과 허보호권(虛歩虎拳)의 2가지 종류가 있읍니다. 궁보호권(弓歩虎拳)은 오른쪽 윗 그림과 같이 앞손을 수평으로 하고 상대가 앞으로 나오려고 하는 곳을 누르고, 몸을 조금 앞으로 기울이고 턱을 찔러 올립니다. 이것을 '맹호신요(猛虎伸腰)'라고도 합니다. 허보호권(虛歩虎拳)은 상대가 찌르고, 차고하는 것을 하려고 했을 때, 조금 비스듬하게 상대의 손, 발을 바꾸면서 몸을 집어넣고, 명치, 턱 등을 공격하는 것입니다. (오른쪽 아래 그림)

턱을 찔러 올릴 때, 손가락 끝을 상대의 눈에 파고 들어가게 하고, 할퀴듯이 아래쪽으로 끌어 당기는 것이 본래의 용법이지만, 상대 연습에

서는 위험하기 때문에 혼자서 연습할 때만, 할퀴는 동작을 첨가합니다.

13. 쌍익수(双翼手)

중국 권법에는 양손을 좌·우로 모으고 또는 상·하를 향하여 합하는 동시에 공격하는 기(技)가 상당히 많습니다. 따라서, 양손으로 받는 기술도 여러가지 있는데, 이 쌍익수(双翼手)는 그 기본적인 기술의 하나입니다.

왼쪽 아래 그림과 같이 좌·우로 서로 끼우고, 찰곳을 정하든지, 아니면 양손을 동시에 상대의 관자놀이, 귀 등에 돌려 찹니다.

손목을 단단히 구부리고, 팔꿈치를 가능한 한 좁혀, 자신의 배에 붙이고, 위에서 볼 때 V자 형이 되도록 해야 합니다.

단익수(単翼手)

쌍익수(双翼手)를 단련하여 두면, 왼쪽 그림 아래것과 같이 상대의 찌르기를 안쪽에서 작게 할퀴어서 아래로 내리면서, 반지권(半指拳) 등을 정하는 단익수(単翼手)의 기(技)도 비교적 응용하기 쉽습니다.

14. 사수(蛇手)

'사권(蛇拳)'또는'사형권(蛇形拳)'이라
고도 합니다. 형(型)중에는 허리를 내리고,
역반신(逆半身)이 되게 하고, 상대의 찌르
기(오른쪽 윗그림) 또는 차기(오른쪽 아래
그림)를 받기, 이 다음 지첨(指尖：손가락
끝) 또는 분각(分脚) 등이 있습니다.

또 ①～④와 같이 사형(蛇形)에 대비하
여 양손을 상·하로 하여 상대를 견제(牽
制)하고, 기회를 보아 단숨에 몸을 띄워 상
단에 찌르고 들어갑니다.

중국 권법에는 각종의 보법(步法)·신법
(身法)을 조합하여 사형권(蛇形拳) 만으로
일파를 구성하고 있는 문파도 있습니다.

기본적 용법

❹

①

15. 금나단란수(擒拿單攔手)

　상대의 팔을 잡고, 앞발을 상대의 등뒤에서 디뎌 서있는 발을 무너뜨리고, 앞손으로 수평하게 안면, 명치 등을 힘껏 치고, 뒤쪽으로 넘겨 쓰러뜨리는 대기(大技)입니다. 남파 소림중에서도 장교대마(長橋大馬 : 橋는 손, 마(馬)는 서있는 발을 나타냅니다. 즉 손·발을 크게 전개하고, 스피디하게 기(技)를 사용하는 것입니다)로 유명한 채이불파(蔡李仏派)의 기법입니다. 당랑문(螳螂門)도 난수(攔手)도 특기이지만, 손·발은 작고 날카롭게 사용합니다.

130

2. 초기권의 장

131

16. 괘타관수(掛打貫手)

걸어 치는 것으로, 상대의 찌르는 손등을 쳐 내리는 것과 동시에 손가락 끝(指尖)
으로 눈을 공격합니다. 또는 그 관수(貫手)를 상대가 상단으로 받으려고 할때는 똑
바로 관수의 손목을 아래로 구부려, 할퀴듯이 상대의 받는 손을 하단으로 내리고,
그 기세로 왼손을 1바퀴 회전시켜 상대의 얼굴, 가슴 등을 잡아 내리는 것과 함께
오른쪽 주먹의 엄지 손가락쪽, 또는 내소수(内小手 : 가슴은 안쪽)에서 비스듬히 쳐
내립니다. 이 쳐 내리는 기를 소추(捎捶)라고도 하고, 본래는 비스듬하게 쳐 올리
는 표당(標撞)과 조합하여 연속적으로 사용합니다.

17. 연환팔자(連環八字) 치기

밖에서 권안(拳眼)으로 돌려 치기(捎捶)를 사용하고, 상대가 이것을 받아 멈추게 할 때, 재빨리 오른팔을 아래에서 돌려 반대쪽으로 쳐 올립니다(摽撞). 오른쪽 위에 그림 ① ② ③ 을 참조하십시오.

아래에서 비스듬히 쳐 올리기에는 상대의 찌르는 팔을 내리면서, 상단 측면을 공격하는 의미도 있습니다. 상대의 공격을 부수면서 동시에 반격하는 것은 연소대타(連消帶打 : 消는 받기, 打는 공격, 즉 공·방 일체를 의미합니다)라고 하고 냉파 소림의 특기인 전술(戰術)의 한 가지입니다. 오른쪽 아래 그림 ①~③은 소추(捎捶)를 상대가 몸을 낮추고, 반격으로 돌리려고 하는 곳을 표당(標撞)을 연속시켜 꼼짝 못하게 하는 것입니다.

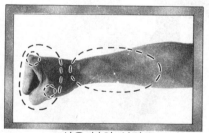
사용 부위 설명도

134

②　　　　　　　③

②　　　　　　　③

18. 삽추연격 (插捶連擊)

손가락을 얕게 꺾어 굽히고, 반지권(半指拳)으로 찌르는 기(技)를 삽추(插捶)라고 합니다. 엄지 손가락의 측면을 위로 하고 허리에서 찌르는 기를 '양삽(陽插)', 이 반대로 새끼 손가락 쪽을 위로 하여 찌르는 기를 '음삽(陰插)'이라고 합니다. 마보(馬步)에서 가까이 있는 발을 끌면서, 음양(陰陽)을 연환시키고, 연속적으로 공격해 들어가는 기(技)입니다. 연환팔자(連環八字)치기(捎標連擊)와 이 삽추연격(插捶連擊)은 채이불(蔡李仏)파가 가장 특기로 하는 기법입니다. 어깨의 유연성을 충분히 발휘하고, 팔을 길게 사용하고, 주로 상대의 늑골(肋骨)을 겨냥하여 찌릅니다. 음삽(陰插)은 허보(虛步)로 사용하는 경우가 많습니다.

처음 음삽(陰插)과 양삽(陽插)을 각각 단련한 다음, 음양(陰陽)을 조합하여 연속적으로 수련합니다. 또 참고도와 같이 번신도약(翻身跳躍)을 더하여 원거리를 날으고, 가까이 있는 발로 음양삽추(陰陽插捶)를 연공(連攻)하는 연습도 몸을 마음대로 다루는 방법, 스피드를 체득하는 데에 좋은 연습법이므로 꼭 몸에 익히도록 해야 합니다.

참고도 ①   ②   ③

음삽(陰揷)   양삽(陽揷)

④   ⑤   ⑥

채이불가권(蔡李仏家拳)
——— 장교대마(長橋大馬)의 남파 종합 권법

채이불(蔡李仏)은 나의 상상을 초월하는 권법이었읍니다. 먼 거리에서 부터 날아 꽂듯이 가까이 있는 발로 마보(馬步)로 하여 접근하고(이것을 標馬라고 합니다), 눈으로도 잘 알아볼 수 없는 속도로 팔을 흔들어 돌려 공격합니다. 일문의 구결(口訣)에서 말하는「손을 뻗을 때, 말(馬)을 앞에 표하고, 받아서는 곧 공격하고, 공격은 곧 받읍시다」라고.

'공격할 때는 서 있는 발을 앞으로 날리고, 공방 일체로 연공을 하라' 라고 하는 뜻입니다. (다음, 馬란 서있는 발을 의미하고, 橋란 손을 의미하는 소림의 무술 용어입니다)

이 책에 소개한 장교수(長橋手)의 훈련법은, 채이불(蔡李仏)의 기초 훈련법의 일부인데, 나는 이 문파는 몸이 부드러운 소년시대부터 그 독특한 기본 훈련을 쌓지 않으면, 진전(眞傳)을 몸에 익힐 수가 없고 공수술(空手術)부터 들어간 나에게는 도저히 갖고 있는 특유의 맛을 재현할 수가 없다고 판단하고 있읍니다. 마카오의 공수가(空手家) 비소행부씨(肥沼幸夫氏)의 안내로 이문흠노사(李文欽老師)의 도장을 방문했을 때, 홍콩(香港)에 비교한다면 마치 시골과 같은 곳에 순수의 채이불(蔡李仏)을 지키는 일파가 있고, 그리고 그중에 무명의 천재 소년이 있는 것을 보고, 나는 드디어 깊은 감명을 받을 수 있었읍니다.

통설에서는 채가(蔡家)의 권, 이가(李家)의 각, 불가(仏家)의 장을 합하여 권법이라고 말하는데, 실제로는 개조진향공(開祖陳享公:1806~1875년)은 광동성(広東省) 신회현의 사람으로 어려서부터 천재의 기질을 발휘하여 17세에 최초의 스승인 동향(같은 고향)의 숙부 진원호(陳遠護)의 개전(皆傳)을 받은 다음, 그 소개로 이우산노사(李友山老師)를 따랐으나 이것도 겨우 4년 동안 모든 것을 습득하고, 거기에 이사(李師)의 소개장을 갖고 나부산(羅浮山)에 들어가 소림승(少林僧) 채복선사(蔡福禪師)를 방문하여 8년 간 권법과 불교 철리의 교육을 받고, 귀향하여 2년 동안에 걸쳐 권기(拳技)를 정리하고, 형(型)을 편성, 연습 과정을 정하고, 이(李)·채(蔡) 양 스승의 가르침을 불교의 심법(心法)에 의해 통일할 것을 목표로 하여 1836년 채이불(蔡李仏)파를 창시하였던 것입니다.

3. 염수권의 장
― 북파 나한문(羅漢門)의 대타권(対打拳)

염수권이란

▶ 손옥봉

북파 나한문(羅漢門)의 대타권(対打拳)
—— 손옥봉(孫玉峰)의 유기(遺技)

나한문(羅漢門)의 장문인(掌門人 : 일문의 正傳을 전하는 종가를 의미하는 중국무술 용어) 손옥봉(孫玉峰)은 남방의 광주정무회에 부임했던 이래, 십여년에 걸쳐 다수의 인재를 길렀읍니다. 본디 하남성의 저명한 표국(鏢局)의 총표두(總鏢頭)로서, 화북 일대의 무술계와 임협(任俠)의 세계에 이름을 드날렸던 인물입니다. 표국(鏢局)이란 요즘 말하는 가아드맨(경비원) 업으로, 주로 물자 수송의 호위를 업으로 하고 있었는데, 교통 기관의 발달에 의해 가업을 버리고 무술 교사로 바꾼 사람이 많읍니다. 정무회 창시자 곽원갑(霍元甲)도 아버지 대까지 3대에 걸쳐서 표국(鏢局)을 가업으로 하고 있었읍니다.

손옥봉(孫玉峰)은 표국(標局) 시대, 「오작도왕(五雀刀王)」이라고 불리울 정도로, 도술을 가장 특기로 하고 문하생도 활란기에 군인으로서 실전면에서 이름을 높인 사람이 많읍니다. 그러나 제 9 전구 사령 장관부 국술 총교관이었던 자식 손문용(孫文勇)이 전장에서 장렬한 최후를 마친 다음, 불문(佛門)에 귀의하여, 최후는 산서성 오대산에서 생애를 마쳤다고 합니다.

손옥봉(孫玉峰)은 나한문(羅漢文) 십팔로(十八路)·도지룡권(跳地龍拳)·기문도(奇門刀)·보전도(步戰刀)·난문창(鑭門槍)·해완대도(解腕對刀)·매화대창(梅花對槍) 및 여기에 소개하는 염수권(捻手拳 : 捻手對拳이라고도 하고 粘手拳이라고도 씁니다) 등을 전했읍니다. 염수권(捻手拳)은 6로(六路)에서 완성되고, 각로(各路) 모두 공수(攻守)를 서로 바꾸어 연습하면서, 일로(一路)에서 육로(六路)까지 연기하는 상대(相對) 훈련형(訓練型)의 일종입니다. 마음을 아름답게 하고, 서로 협조하면서, 부드럽게 연기하는 것도 가장 주의해야 할 것중의 하나입니다. 위와 같이 하는 것이 효과가 있고, 또 상대의 움직임을 아는 능력이 자연스럽게 몸에 배이게 되는 이점도 있읍니다.

개문식 (開門式)

갑(甲) : (사진예의 왼쪽, 검은옷을 입은 사람)
을(乙) : (사진예의 오른쪽, 하얀옷을 입은 사람)

① 양자 함께, 직립한 자세에서 서로 마주 보고 섭니다. 보통은 발의 발가락 끝을 붙이고 닫은 발 서기(閉足立)를 합니다.

② 서로 오른발을 일보 내디디고, 몸을 오른쪽으로 비틀고, 양손을 오른쪽 가슴의 앞으로 합니다. 오른손은 손바닥을 세우고, 그 손목의 아래로 왼손을 구수(鉤手: 손가락 끝을 합침)하여 준비합니다.

③ 갑을(甲乙). 왼발을 전진하고, 양손을 수평으로 앞면으로 밀듯 내밉니다. 이

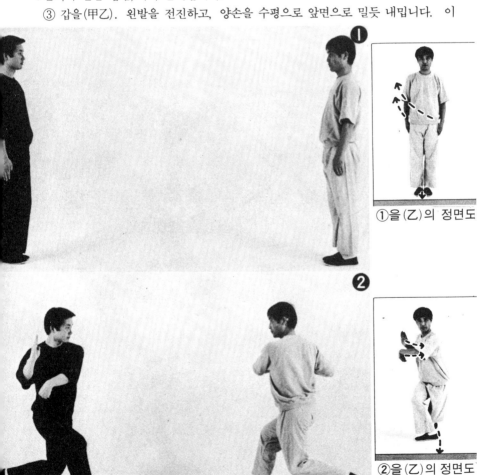

①을(乙)의 정면도

②을(乙)의 정면도

141

③

③을 (乙)의 정면

④

④을 (乙)의 정면

⑤

⑤을 (乙)의 정면

⑥을(乙)의 정면도

⑦을(乙)의 정면도

것을 개식쌍경례(開式双敬礼)라고 하고, 나한문대타(羅漢門對打)의 예식입니다. 갑을(甲乙), 서로 손을 스쳐 댑니다. 여기까지가 개문식(開門式) 전반으로, 충분히 기합을 모으고 실시합니다.

④ 갑을(甲乙), 왼발을 후퇴하고, 양손을 상·하로 대비합니다. 떨어질 때 서로 손을 누르고, 그 반동으로 후퇴하고, 손을 상·하로 나눕니다.

⑤ 갑을(甲乙). 양손을 밖에서 크게 반원을 그리면서, 좌·우로 후퇴하고, 양손을 아래·위에서 준비합니다.

⑥ 뒷발에 중심을 두고 허보(虛步)가 되도록 하면서, 왼손을 오른쪽으로, 오른손을 뒤쪽에서 준비합니다.

⑦ 허보(虛步))가 되도록 하고, 좌구수(左鉤手)로 아래를 내리고, 오른손은 상단에 준비합니다. ④~⑦이 개문식(開門式) 후반인데, 이것을 우화쌍호보(右花双護步)라고 합니다.

143

❸ 제 1 로(전반)

①~③ 갑(甲), 일보 전진
하여 오른손을 내리고(①),
똑바로 왼발부터 도약, 전진
하고, 왼손을 크게 흔들어 돌
려 걸어 치기의 견제(牽制)
를 하면서(②), 착지와 동시
에 오른쪽 주먹을 을(乙)의
왼쪽 배 부분에 찔러 넣읍니
다. 을(乙), 왼손을 위로 올
린다음, 손목을 구부리고 아
래쪽으로 하단 내리기합니다.

④ 갑(甲), 아래쪽으로 내려진 기세를 역이용하여, 오른쪽부터 권안(주먹의 엄지쪽)으로 돌려칩니다(목표는 관자놀이, 귀). 을(乙), 안에서 밖으로 반원을 그리고 상단 받기를 합니다.

⑤ 갑(甲), 오른손을 허리에 끌어 당겨 붙이고, 왼손으로 돌려칩니다. 을(乙), 안쪽에서 반원을 그려 상단 받기를 합니다.

⑥ 갑(甲), 왼손을 허리에 끌어 당기고 오른쪽 중간 찌르기 합니다. 을(乙), 왼손을 단단히 벌리고, 갑(甲)의 찌르는 팔을 잡아 내립니다.

⑦ 갑(甲), 우선 왼손을 의식적으로 단단히 벌리고, 을(乙)의 왼쪽 손목을 쥐고 돌려보낼 준비합니다.

⑧ 갑(甲), 왼손으로 을(乙)의 왼쪽 손목을 쥐고, 오른팔을 뒤로 뺍니다.

⑨ 갑(甲), 똑바로 오른쪽 주먹으로 을(乙)의 가슴(또는 안면)을 찌릅니다. 을(乙), 왼발을 조금 끌어 당기고, 허리를 내리고, 오른쪽 손목으로 갑(甲)의 찌르기를 받습니다.

제 1 로(第一路) (後半)

후반(後半)은 전반(前半)과 반대로 을(乙)의 공격부터 개시하는데, 기법의 내용은 전반과 거의 같습니다. 갑을(甲乙)이 바뀌는 것 뿐입니다. 따라서, 사진이 마치 대칭적으로 되어 있는 것 같은 상태입니다. 전반·후반 서로 참조하면서 보면, 움직임을 한층 알기 쉽습니다.

⑩ 을(乙), 오른쪽 주먹을 ⑨의 위치에서 일보 전진하여 갑(甲)의 왼쪽 복부로 찔러 넣읍니다. 갑(甲), 일보 내리고, 왼손 손목으로 할퀴듯이 아래로 내립니다(이것을 해당(割堂)이라고 합니다.).

⑪ 을(乙), 받쳐지는 기세를 이용하고, 밖에서 돌려 칩니다. 갑(甲), 안에서 반원을 그리며 안 받기를(손목 안쪽, 또는 손목의 등을 이용) 합니다.

147

⑫ 을(乙), 오른쪽 주먹을 허리에 끌어당겨 붙이고, 왼쪽 주먹으로 상단 돌려치기를 합니다. 갑(甲), 오른손으로 안쪽에서 반원을 그려 상단 받기를 합니다.

⑬ 을(乙), 똑바로 왼쪽 주먹을 허리에 끌어 당기고 오른쪽 주먹으로 중단 찌르기를 합니다. 갑(甲), 왼쪽 손바닥으로 을(乙)의 찌르는 팔을 조금 물흐르듯이 잡아 내립니다(오른쪽 주먹을 허리에 끌어 당깁니다.).

⑭ 을(乙), 왼손을 단단히 벌리고, 갑(甲)의 쥔 손을 되돌리는 준비 자세를 합니다.

⑮ 을(乙), 갑(甲)의 왼손을 잡아 내립니다.

⑯ 을(乙), 똑바로 오른쪽 주먹으로 갑(甲)의 가슴(또는 안면)을 찌릅니다. 갑(甲), 앞발을 조금 끌어 당기어 밖으로 벌리고, 상체를 비틀어 내리고, 오른손 손목으로 을(乙)의 찌르기를 받습니다.

되돌리기 연습의 요령

이 대타(對打)의 형은, 제1로(路)의 공수를 갑(甲), 을(乙) 모두 연습한 다음, ⑯부터 똑바로 제2로(路)로 들어가는 것이 가능하도록 되어 있읍니다. 단지, 일상의 연습에서는 ⑯부터 다시 갑(甲)이 일보 전진해서 ③으로 돌아가고, 제1로(路)를 반복하여 연습한 다음 제2로(路)에 들어갑니다.

되돌리기에 의한 움직임과 기법에 익숙해지도록 하고, 그들을 실제로 사용하기 위한 상대감각(相對感覺)을 충분히 연마합니다. 상급생과 같이 조직하여 연습하면, 반복중에 흡사 피가 혈관을 통해 순환하듯이 기법의 코스가 자연스럽게 전해지게 됩니다.

제 2 로(第二路) (前半)

제 1 로는 직접찌르기와 돌려 찌르기의 조항 및 그것에 대하여 받기의 연습이 주안이었고, 또 서로 손목이 교차하는 감각을 양성했읍니다. 제 2 로는 상대의 찌르는 팔에 자기의 양손을 대고, 상대의 힘을 없애는 기법을 몸에 익히도록 하기 위한 것이 목적입니다. 그리고 한편은 찌르는 팔의 힘을 없애는 경우, 상대의 받아 내리는 것에 저항하지 말고 어떠한 공격이라는 그것을 이용 전환시키는 것을 연습합니다.

제 2 로는 움직임을 기억하는 것은 편하지만, 그 코스를 터득하기에는 상당한 노력이 드는 어려운 일입니다. 처음에는 갑을 모두 천천히, 부드럽게 움직이고 조금씩 기법을 연마해가는 기분으로 임하는 것이 중요하다는 것을 명심해야 합니다.

① 갑(甲), 제 1 로 ⑯의 위치에서 전진하고, 찌르는 손을 그대로 을(乙)의 가슴에 찔러 넣읍니다. 을(乙), 후퇴하면서, 오른손을 아래에서 딱 붙입니다.

② 을(乙), 오른손을 아래에서 손목을 펴 올리듯이 할 퀴고, 동시에 왼쪽 손바닥을 갑(甲)의 팔꿈치에 딱 붙입니다.

③ 을(乙), 양손을 갑(甲)의 찌르는 팔의 손에 매달듯 얹고, 작은 반원을 그리면서 내립니다.

④ 갑(甲), 아래로 내려지는 것에 거역하지 말고, 오른손을 아래에서 밖으로 흔들어 올리고, 돌려 치기를 합니다.

⑤ 을(乙), 갑(甲)의 돌려 치기를 받는 것과 함께, 왼쪽 손바닥으로 갑(甲)의 오른쪽 옆배를 칩니다(실제는 찌릅니다— 다음 페이지(拡大説明図) 확대 설명도를 참조하도록.).

제2로(第二路)
확대 설명도

A. 갑(甲)의 찌르는 손에
대하여, 을(乙)은 오른쪽
손목을 아래에서 할퀴듯
이 올리고, 동시에 왼쪽
손바닥을 갑(甲)의 팔꿈
치에 딱 붙게하고, 우선
위로 조금 잡고 올리듯이
내립니다.

B. 을(乙), 움직임을 멈추는
일없이, 양손을 갑(甲)의
찌르는 손에 얹고, 양 손
목을 돌리면서 아래로 원
을 회전시킵니다.

C. 갑(甲)은 을(乙)의 양손
의 움직임에 맞추듯이 오
른손을 아래로 보내고, 돌
려 치기에 들어가려 합니
다.

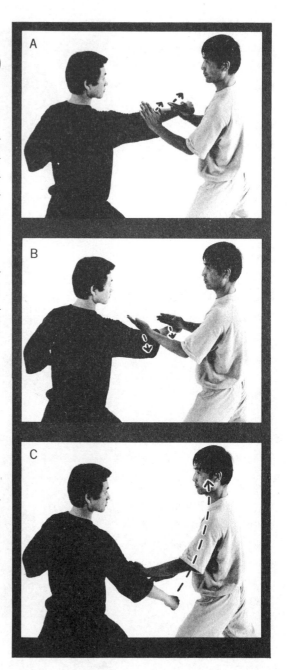

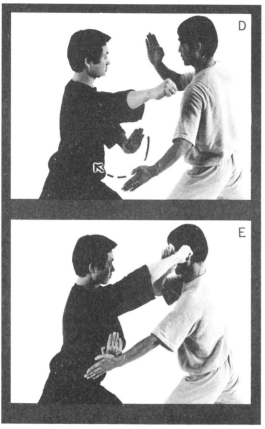

D. 을(乙)은 갑(甲)의 돌려 치기를 오른손으로 받고, 왼손은 아래에서 밖으로 돌려 갑(甲)의 옆구리를 치려고 합니다. 갑(甲)은 돌려 치기를 개시함과 함께, 오른쪽 옆구리를 지키기 위해 왼쪽 손바닥을 가져 옵니다.

E. 갑(甲)은 돌려 칩니다. 단지 왼손으로 을(乙)의 왼손을 멈춥니다. 을(乙)의 손가락 끝이 조금이라도 오른쪽 겨드랑이에 스치면 패하게 됩니다.

을(乙)의 왼손은 실제는 찌르기인데, 위험 방지를 위해 손바닥으로 부드럽게 쳐넣읍니다(오른쪽 그림).

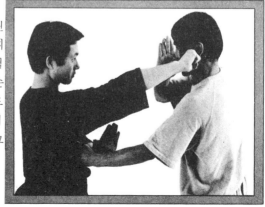

153

제2로(第二路)
(후반)

⑥ 을(乙), 손은 ⑤의 위치에서 일보 전진하여 갑(甲)의 가슴에 찔러 넣읍니다.

⑦ 갑(甲), 후퇴하면서 이미 오른손을 아래에서 퍼 올리듯이 휘감고, 오른발을 끌어당길 때는 왼쪽 손바닥도 완전히 을(乙)의 팔꿈치에 딱 붙입니다.

⑧ 갑(甲), 양 손목을 을(乙)의 찌르는 손에 휘감듯이 원을 회전시키면서 아래로 내립니다.

⑨ 을(乙), 아래에서 내려진 기세를 이용하여 오른손을 아래에서 밖으로 돌리도록 합니다.

⑩ 을(乙), 상단 돌려 찌르기를 합니다. 갑(甲), 돌려 찌르기를 받음과 동시에 왼쪽 손바닥으로 밖에서 을(乙)의 오른쪽 겨드랑이를 칩니다. 을(乙), 왼손인 준비손으로 갑(甲)의 왼손 손목을 받아 멈춥니다.

제 3 로(第三路) (前半)

제 3 로는 역수(손목의 관점을 거꾸로 구부려 공격합니다)와 그것에 대한 전신탈(轉身脱) 수법과 반격기(反擊)의 연락을 연습합니다. 1로, 2로에서 충분히 익숙해진 다음, 제 3 로의 연습에 들어갑니다. 또, 비록 1로, 2로에서 익숙해졌다 하더라도, 반드시 그것을 각각 최저 10회는 반복한 다음, 한쪽(주로 상급생)의 리더로 제 3 로에 연환시키도록 합니다.

1로, 2로와 마찬가지로, 처음부터 힘을 넣는 일없이, 작은 동작도 중요시 하고 조금씩 연마해 갑니다.

①～② 갑(甲), 2로 ⑩그
림에서 1보 전진하여 중단
찌르기를 합니다. 을(乙), 후
퇴하면서, 오른손을 아래에서
휘감듯이 갑(甲)의 오른손 손
목을 비틀어 내립니다. 곧 왼
손으로 역관절기(逆関節技)를
겁니다.

① 의 설명도

③ 갑(甲), 오른손을 비틀
린 방향으로 향하면서, 왼쪽
주먹으로 을(乙)의 아래 배
부분을 찌릅니다. 을(乙), 오
른손으로 하단을 내립니다.

④ 갑(甲), 그대로 '빙글' 하고 회전하면서 왼손을 벌리고 위에서 을(乙)의 손목을 쥐어 돌립니다 (실제로는, 갑(甲)은 ③으로 을(乙)의 발목을 밟아버립니다).

⑤ 갑(甲), 을(乙)의 손목을 아래에서 잡아 내리고, 오른손을 끌어당기고, 곧 돌려서 칩니다.

⑥ 을(乙), 오른손으로 갑(甲)의 돌려치기를 막아 멈추게 합니다.

⑦ 을(乙), 오른손을 그대로 아래에서 잘라 내립니다.

⑧ 을(乙), 오른손으로 갑(甲)의 손목을 내리고, 왼손을 뺍니다.

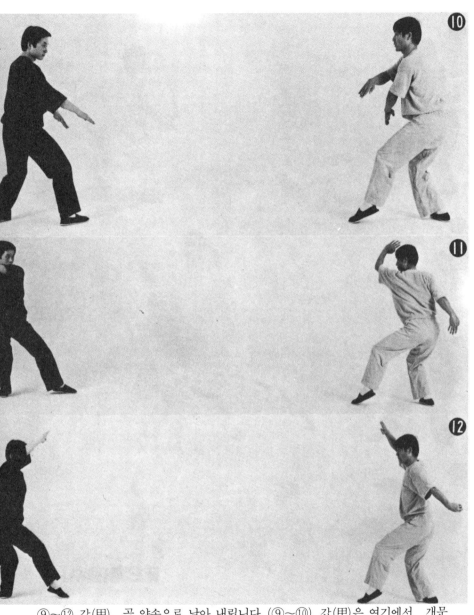

⑨～⑫ 갑(甲). 곧 양손으로 날아 내립니다. (⑨～⑩) 갑(甲)은 여기에서   개문
식 ⑤에 접속합니다. 우선, 일보 후퇴하고 양손을 아래·위로 나누고(개문식 ⑤),
좌구수(左鉤手)로 하단을 내리면서, 오른손을 머리위로 흔들어 올리고 우화세(右花
勢：右花双護步)의 준비가 되도록 합니다. 을(乙)은 거기에서 허보(虛步)로   되게
하면서, 손만은 갑(甲)의 움직임에 맞추고, 우화세(右花勢)가 되도록 합니다.

159

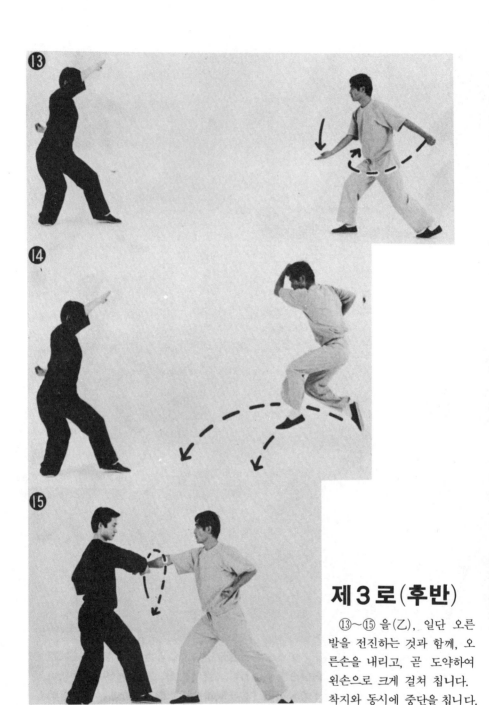

제 3 로(후반)

⑬~⑮ 을(乙), 일단 오른
발을 전진하는 것과 함께, 오
른손을 내리고, 곧 도약하여
왼손으로 크게 걸쳐 칩니다.
착지와 동시에 중단을 칩니다.

⑯∼⑰ 갑(甲), 오른손으로 아래에서 퍼 올리듯이 휘감으면서, 오른쪽으로 돌려 을(乙)의 손목을 비틀어 내립니다. 곧, 왼손을 붙여 을(乙)의 손목을 역으로 구부립니다.

⑱ 을(乙), 오른손의 아래를 빠져 나가듯이 회전하면서, 오른쪽 주먹으로 갑(甲)의 아랫배 부분을 찌릅니다. 갑(甲), 오른손으로 내립니다.

⑱의 확대 설명도

⑲ 을(乙), 연습때는 ⑱에서 발을 멈추지 말고 연속적으로 빙그르 한번 회전하고, 갑(甲)의 왼손을 위에서 쥐고 내립니다. 동시에 오른손을 끌어 당겨 뺍니다.

⑳ 을(乙), 오른쪽 주먹으로 상단을 돌려칩니다. 갑(甲), 오른손으로 받아 멈추게 합니다.

㉑ 갑(甲), 곧 오른손으로 을(乙)의 손목을 쳐냅니다.

㉒~㉓ 을(乙)은 틈을 만들지 말고 도약하여 날아 내리고, 우화쌍양보(右花双讓步)를 행합니다. 갑(甲), 거기에서 양손의 움직임을 을(乙)에 맞추어 마찬가지로 우화세(右花勢)가 되도록 합니다.

이상으로 제3로 종료입니다.

제3로만을 반복할 때는, ㉓에서 갑(甲)이 도약하여 중단으로 날아 들어 찌르고, 다시 제3로의 ①로 접속한다는 뜻입니다. 제3로까지가 염수권 전체(捻手拳全體)의 전반세입니다. 후반세의 제4로부터 제6로까지는 움직임이 격렬해집니다.

4로에서 먼 거리에서 1권에 접근하여 날아 들어 찌르기도, 걸쳐 치기 도약 천심권(穿心拳)과 대칭적으로, 오른손을 흔들어 돌리면서, 마보(馬步)가 되도록 하여 왼손으로 날아 들며 찌르기를 행합니다. 또 착지한 다음 곧 3연(三連) 찌르기로 따라 들어, 4로가 종료할 때, 갑(甲)·을(乙) 모두 위치가 바뀌져 있습니다. 이렇게 해서 갑(甲)·을(乙)이 문자 그대로 공수소(攻守所)를 바꾸면서, 반복하여 연무하고, 호쾌한 움직임을 수련하고, 게다가 5로의 유연, 교묘한 인신기(人身技)·역기(逆技)·치기 기술을 포함한 기의 훈련에 들어가고, 6로에서 특수한 기를 주먹의 움직임 없이 간략하게 연마하여 염수대권(捻手対拳)을 마무리 하는 것입니다.

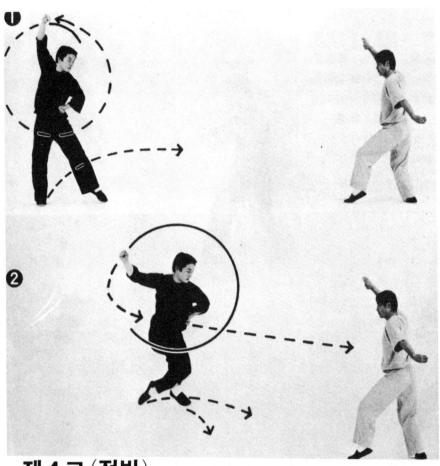

제4로 (전반)

①~③ 갑(甲), 왼쪽
주먹을 허리에 대고, 거기
서 오른손을 1회 회전시
킨 것에 기세를 붙여, 더
욱 오른손을 크게 흔들어
돌리면서 도약, 전진(②)
합니다. 착지와 함께, 왼
쪽 주먹으로 중단 찌르기
를 합니다. 을(乙), 마보
(馬步)로 하단 찌르기를
받읍니다.

④ 을(乙), 곧 오른발부터 부드럽게, 작게 날아, 갑(甲)의 등뒤로 돌아 들어, 그 왼쪽 등 부분을 찌릅니다. 을(乙)은 익숙해진 다음 ③을 생략합니다. 갑(甲)의 찔러 넣기와 동시에 도약 몸놀림을 합니다.

⑤ 갑(甲), 을(乙)이 찌르기로 크게 몸놀림을 하는 것과 함께, 왼쪽 손목을 아래로 꺾어 구부리고, 할퀴듯이 하단 내리기를 합니다.

설명도(④~⑤을(乙)의 동작) ①   ②

⑥ 여기에서 갑(甲)은 비스
듬한 방향으로 삼연(三連) 찌
르기로 쫓아 집어넣읍니다.
우선 갑(甲), 일보 전진하여
중단 찌르기를 합니다.　 을
(乙), 일보 후퇴하고, 손목을
꺾어 구부리고 아래로 할퀴듯
받아 내립니다.

⑦ 갑(甲), 좀더 왼발을 전
진하여 중단 찌르기를 합니다.
을(乙), 일보 후퇴하여, 하단
으로 내리고, 갑(甲)은 연속
찌르기의 쫓아넣기를 함으로,
을(乙)도 그런 생각으로 연속
적으로 내립니다.

⑧ 갑(甲), 오른발 전진하
고, 한층 더 강하게　오른쪽
중단 찌르기를 합니다. 을(乙),
오른쪽 발을 뒷발의 옆에 끌
어 당겨 가까이 함과 함께, 왼
손으로 갑(甲)의 찌르기를 받
으면서, 왼발을 앞으로 내 디
딥니다. 이런 발 놀림을 환보
(換步)라고 합니다.

166

⑨ 을(乙), 환보하는 것과 동시에, 정면에서 오른쪽 주먹으로 크게 돌려 칩니다. 갑(甲), 안쪽에서 받아 멈추도록 합니다.

⑩ 갑(甲), 곧 왼손을 내려 선회하고, 을(乙)의 누르는 손을 올립니다.

⑪ 갑(甲), 퍼 넣은 왼손으로, 을(乙)의 왼손 손목을 쥐고, 오른쪽 팔은 을(乙)의 윗가슴 부분에 대고, 문질러 올리듯이 을(乙)의 왼쪽 팔을 비틉니다.

167

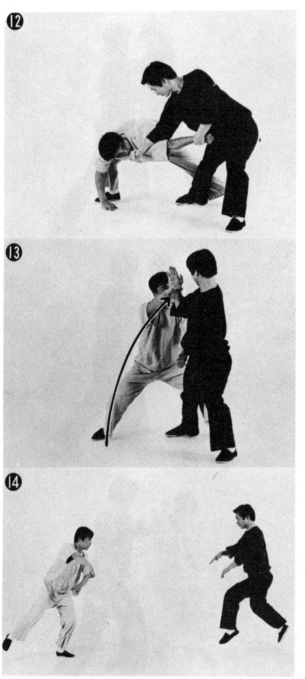

⑫ 갑(甲), 오른발을 부보
(仆步)의 요령으로 비비는 빌
로 집어 넣고, 을(乙)의 왼발
을 무너뜨리면서 을(乙)의 팔
을 아래에서 제지합니다. 을
(乙), 오른쪽 손바닥으로 땅
을 쳐 몸을 지탱합니다.

⑬ 을(乙), 곧 몸을 일으키
고, 오른쪽 주먹으로 갑(甲)
의 안면을 찌르고 갑(甲), 오
른손으로 을(乙)의 찌르는 손
을 받아 멈추게 합니다.

⑭~⑮ 갑(甲), 을(乙) 함
께 도약하여 나눕니다. 우선
서로 횡일문자(橫一文字) 선
상에 날아 서로 마주보게 하
고, 그리고 후퇴하면서 우화
쌍양보(右花双讓步)를 행합니
다. ⑮는 말할 것도 없이, 전
반의 끝이고 동시에 후반의
시작입니다. 단지, 갑(甲)은
오른쪽, 을(乙)은 왼쪽으로
바뀌어 있읍니다.

제4로(第四路)(후반)

⑯～⑱ 을(乙), 우화세(右花勢)에서 오른쪽 주먹을 허리에 대고, 오른쪽 팔을 한바퀴 회전시켜서 기세를 붙이고, 게다가 2회째는 도약, 전진, 좌·우 착지와 동시에 마보(馬步)로 중단 찌르기를 합니다. 갑(甲), 하단에서 받읍니다.

⑲ 갑(甲), 곧 작게 도약하여 을(乙)의 등뒤로 돌아 들어가고, 을(乙)의 왼쪽 어깨 부분(일본식 술(術)에서는 후전광(後電光)이라고 하는 급소)을 찌릅니다. 능숙해진 다음은, 갑(甲)은 을(乙)의 찌름과 동시에 도약하여 바꿉니다.

⑳ 을(乙), 왼발을 앞으로 비스듬히 내 디디고, 몸을 놀리면서, 좌할장(左割掌 : 손목을 꺾어 구부려 아래로 받아내림)을 행합니다.

㉑ 을(乙), 곧 3연 찌르기에 들어갑니다.(횡일문자의 연무선에서 보아, 비스듬히 전진하는 듯이 되도록 합니다). 우선, 오른쪽 중단을 찌르고, 갑(甲)은 후퇴하면서 하단으로 내립니다.

㉒ 을(乙), 더욱 왼발을 전진하여 왼쪽(左) 중단 찌르기를 합니다. 갑(甲), 할장(割掌) 하단 받기를 합니다. 갑(甲)은 힘껏 내리는 것보다, 안쪽에서 손목으로 할퀴듯이 아래로 받습니다.

㉓ 을(乙), 다시 오른쪽 중단 찌르기를 합니다. 갑(甲)은 환보(換步)하고, 즉 우선 오른발을 왼발 옆에 끌어 당겨 붙이는 것과 함께, 왼발을 앞으로 디디고, 왼손으로 을(乙)의 찌르기를 받습니다.

171

㉔ 갑(甲), 오른쪽 주먹으로 정면에서 크게 돌려 칩니다. 을(乙), 안쪽에서 받아 멈추게 합니다. 주먹을 쥐어 손목으로 받아도 좋고, 손옆으로 받아도 좋읍니다.

㉕ 을(乙), 곧 왼손을 아래에서 집어 넣고, 갑(甲)의 왼 팔을 올립니다.

㉖ 을(乙), 원으로 돌리는 움직임을 멈추는 일 없이, 오른손으로 갑(甲)의 왼손 손목을 쥐고, 오른 팔로 갑(甲)의 팔을 일단 위로 비벼 올립니다.

㉗ 을(乙), 위로 올리는 자세를 이용하여, 오른발을 문지르는 발로 꽂아 넣으면서 뒤쪽으로 펴, 갑(甲)의 서있는 발을 무너뜨리면서, 갑(甲)의 왼손을 아래로 제지하도록 합니다. 연습중에는 부드럽게 행하고, 부상당할 위험이 있으니 주의하여 서로 실시합니다.

㉘ 갑(甲), 일단 왼손으로 땅을 치고, 급격하게 몸을 행하고, 오른손 주먹으로 안면을 찌릅니다. 을(乙), 오른손으로 받아 멈추도록 합니다.

㉙ 갑(甲), 을(乙), 똑바로 오른쪽 왼쪽으로 날아 떨어지고, 다시 갑(甲)은 왼쪽으로, 을(乙)은 오른쪽으로 후퇴하면서, 우화쌍양보(右花双讓步)를 행합니다.

제5로(第五路)(전반)

①~④ 갑(甲), 일보 전진
할 때, 가볍게 오른손을 내리
고(②), 곧 걸어 치기를 하
면서 날아 듭니다(③). 을
(乙)의 가슴을 찌르고(馬步
라도 좋습니다.) 을(乙), 왼손
을 가볍게 뒤로 후퇴하고, 교
차하도록 서서, 오른손으로
받읍니다.

⑤ 을(乙), ④의 때에 양
손을 가슴 앞에 교차하고, 이
미 왼손을 준비해 두도록 합
니다(㉓참조). 왼발을 갑
(甲)의 오른발 뒤로 밟아 넣
고, 왼손으로 수평하게 쳐 쓰
러뜨리는 자세를 취하고, 갑
(甲), 양손을 세워서 받도록
합니다.

⑥ 갑(甲), 곧 왼손으로 을
(乙)의 왼쪽 손목을 오른손으
로 을(乙)의 어깨를 잡읍니다.

⑦ 갑(甲), 오른발을 뒤로
하면서 을(乙)의 서있는 발을
무너뜨리면서, 양손을 아래로
내려 을(乙)의 공격을 제지합
니다. 오른손으로 어깨를 잡
고있는 을(乙)의 오른손을 누
릅니다.

⑧을(乙), 어깨를 약간 젖혀
뒤에서 오른손으로 갑(甲) 의
오른손을 비틉니다.

⑨ 을(乙), 왼발을 끌어 당
겨 마보(馬步)가 되도록하고,
왼손으로 갑(甲)의 오른손을
거꾸로 잡읍니다. 오른손도
재빨리 들어 되돌리고, 양손
으로 갑(甲)의 손목을 역으로
되게하여 아래로 누릅니다.

176

⑩ 갑(甲), 왼발을 끌어 당겨 붙이면서, 왼쪽 돌리기로 몸을 비틀고, 왼손으로 을(乙)의 턱을 찔러 올리기를 준비합니다.

⑪갑(甲), 왼손을 을(乙)의 턱에 댑니다. 실제로는 다섯개의 손가락을 강하게 구부려, 손가락 끝으로 턱 등을 압박하면서 손바닥 밑으로 찔러 올리는데, 연습중에는 손가락을 펴 부드럽게 대도록 합니다.

⑫ 갑(甲), 왼손을 완전히 펴, 을(乙)의 턱을 찔러 올립니다. 을(乙), 몸을 뒤로 하면서, 우선 오른손으로 갑(甲)의 인지쪽 2개, 다음 왼손으로 엄지·중지의 2개를 강하게 잡습니다.

177

⑬ 을(乙), 양손으로 갑
(甲)의 손가락을 2개씩 나누.
어 쥐면서 아래로 제지합니
다.

⑭~⑯ 갑
(甲), 오른발을
일보 후퇴시키
고, 오른손을
크게 흔들어 올
려 자신의 손의
등을 스스로 쳐
내려 빼면서,
우분각(右分脚)
으로 을(乙)의
하단을 칩니다.
을(乙), 앞발을
펴고 거리를 두
고, 양손으로
차기를 받읍니
다.

⑯

⑯의 확대도

⑰ 을(乙), 곧 차기를 돌립
니다. 갑(甲), 앞발을 펴고,
양손으로 차기를 받읍니다.
차는 발은 곧 본래의 위치로
되돌리기 때문에, 순간적으로
차 올리는 형이 됩니다.

⑰

⑱~⑲ 갑(甲), 곧
날아 내린다음, 우화쌍
양보(右花双讓步)를
행합니다. 을(乙)은 차
는발을 되돌린 때에
양손을 교차하고, 손만
은 갑(甲)의 움직임에
맞추고, 그 곳에서 우
화세(右花勢)가 되도
록 자세를 취합니다.

⑱

제5로 (第五路) (후반)

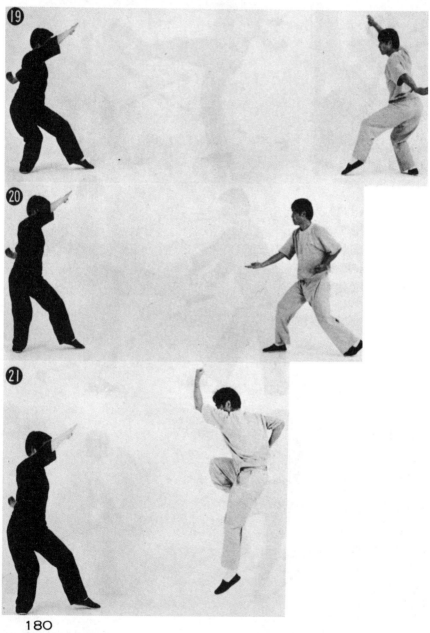

⑳~㉒ 을(乙), 오른발 전
진을 가볍게, 왼손을 내리면
서, 곧 도약하여 걸어 치기의
견제(牽制)를 하면서, 착지와
함께 중단 찌르기를 합니다.
갑(甲), 교차하여 서서 받읍
니다.

㉓ 갑(甲), 왼발을 을(乙)
의 등뒤로 밟아 넣고, 왼손을
사용, 쳐 쓰러뜨리려 합니다.
을(乙), 양손을 세워서 받읍
니다. (갑(甲),실제로는 ㉒에
서 이미 앞으로 전진하고, 입
신(入身)이 되어 기를 사용하
지만, 훈련 중에는 형 그대로
합니다.

㉔ 을(乙), 왼손으로 갑
(甲)의 손목을, 오른손으로
갑(甲)의 어깨를 잡읍니다.
손가락 끝을 어깨에 파고 들
듯이 잡는것이 좋읍니다.

㉕ 을(乙), 오른발을 뒤로 빼어, 갑(甲)의 서있는 발을 무너뜨리고, 양손을 내리고 갑(甲)의 아래에서 제지합니다. 갑(甲), 무너짐이 클때는, 일단 오른손으로 땅을 짚고, 몸을 지탱합니다.

㉖ 갑(甲), 곧 오른손을 을(乙)의 오른손에 겹치고, 어깨를 작게 비틀어 올리면서, 그의 오른손을 비틀어 잡습니다.

㉗ 갑(甲), 왼발을 끌어 당겨 마보(馬步)가 되도록 하며 왼손으로 을(乙)의 손목을 거꾸로 쥡니다.

㉘ 갑(甲), 오른손을 들어 되돌리고, 양손으로 을(乙)의 손목을 거꾸로 쥔채, 아래로 누릅니다.

㉙ 을(乙), 곧 왼발을 끌어 당겨 몸을 비틉니다.

㉚ 을(乙), 갑(甲)의 턱을 찔러 올립니다. 연습중에는 급격하게 때려서는 안됩니다. 이 때 갑(甲)은 이미 몸을 비키면서 오른손으로 을(乙)의 새끼손가락 쪽을 2개 잡아도 좋습니다.

㉛손가락 쥐는 법

① ② ③

㉝손빼는 법 확대 분석도 ③

㉛~㉞ 갑(甲), 을(乙)의 차기를 앞발을 펴고, 양손으로 받는 순간, 틈은 주지 말고 쳐 되돌립니다. 을(乙), 오른발 착지와 동시에 앞발을 펴, 받도록 합니다.

㉟갑(甲). 을(乙)의 차기를, 앞발을 올리고, 양손으로 받는 순간에 들어가 차기를 합니다. 을(乙), 오른발 착지와 동시에 앞발을 올리고 받게 됩니다.

㊱ 갑(甲), 차는 발을 되돌립니다. 을(乙), 차기를 받으면 곧, 뒤쪽으로 날아 우화쌍양보(右花双讓步)로 들어갑니다. 갑(甲), 그곳에서 손의 움직임만 을(乙)에게 맞추어 우화세(右花勢)를 취합니다.

제6로 (전반)

①～③ 갑(甲), 일단 오
른발을 일보 내고 오른손
을 내린다음 도약, 걸쳐
치기로 견제(牽制) 하면서
(②), 마보(馬步)가 되도
록 하며 을(乙)의 가슴을
찌릅니다. 을(乙)도 마보
(馬步)가 되도록 하면서
왼손으로 받읍니다.

186

④ 을(乙), 곧 오른쪽 돌기로 빙그르 몸을 돌리고, 오른발을 갑(甲)의 앞발 뒤로 밟아 넣고, 오른손을 동시에 오른쪽으로 옮깁니다.

⑤ 을(乙), 오른팔 전체로 비스듬히 쳐 넣고, 갑(甲)을 쳐 쓰러뜨리려고 합니다. 갑(甲), 양손을 재빨리 세워서 받읍니다.

⑥ 갑(甲), 곧 왼손으로 을(乙)의 오른손 손목을 잡고, 오른손의 손가락 끝을 을(乙)의 어깨의 살에 파고 들듯이 잡습니다.

187

⑦ 갑(甲), 양손으로 을
(乙)의 오른손을 안에서 밖으
로 비틀어 올려 제지합니다.
을(乙), 곧 왼손을 갑(甲)의
오른손으로 겹칩니다.

⑧ 을(乙), 갑(甲)의 오른
손을 비틀어 잡습니다.

⑨~⑫ 갑(甲), 왼쪽 돌리
기로 몸을 돌리고 왼쪽 주먹
으로 을(乙)의 안면을 칩니다.
을(乙), 양손으로 받아 멈추
도록 합니다. 능숙해진 다음
은, ⑨를 생략, ⑧에서 ⑩
으로 연환합니다. 즉 갑(甲)
은 ⑧에서, 왼발을 축으로
급격히 몸을 일회전시키고,
왼쪽 주먹으로 격렬하게 흔들
어 치면서 날아 내립니다. 을
(乙)도 날아 내리고, 갑(甲)
의 흔들어 치기를 되돌립니다.
(⑩). 이 다음 갑(甲), 을
(乙) 모두 우화쌍양보(右花
双讓步)를 합니다.

제6로(후반)

⑬~⑮ 을(乙), 일단 오른
발을 내고, 오른발을 하 단으
로 내리면서, 걸쳐 친것을 계
속 하면서 날아 들어갑니다.
마보(馬步)로 찌릅니다.   갑
(甲)도 마보(馬步)가 되도록
하면서 받습니다.

⑯ 갑(甲), 곧 뒤로 돌면서
회전하여 을(乙)의 등뒤에 들.
어가고, 오른 팔을 비스듬히
쳐 넣고, 을(乙)을 쓰러뜨리
려 합니다.

⑰ 을(乙), 갑(甲)의 비스
듬히 치기를 양손을 세워서
받습니다.

⑱ 을(乙), 곧 갑(甲)의 손
목과 어깨를 단단히 잡고, 안
쪽에서 비틀어 올려 제지합니
다. 갑(甲), 몸을 무너뜨리려
하지 않으면서 왼손으로 을
(乙)의 오른손은 잡습니다.
상체를 부드럽게 사용합니다.

3. 염수권의 장

⑲~㉑ 갑(甲), 을(乙)의 오른손을 비틀어 잡습니다. (⑲). 을(乙), 왼쪽 돌리기로 몸을 회전시키고, 왼쪽 주먹을 휘돌리면서 날아 내립니다. 갑(甲)도 몸을 돌려 날아 내립니다.

㉒～㉓ 양자 서로 우화쌍양보세(右花双讓步勢)의 준비를 합니다. 이 다음 개문식(開門式) ①과 마찬가지로 닫은 발 서기(閉足立)로 서서 서로 마주봅니다. 염수권(捻手拳)을 종료합니다.

　최초는 결코 힘을 주거나 스피드를 붙이거나 해서는 안됩니다. 천천히, 부드럽게. 갑(甲), 을(乙) 모두 서로 협력하여 연습하는 것이, 결국 좋은 기를 몸에 익히는, 그 다음의 숙달도 빨리 가져오는 결과가 됩니다. 왜냐하면 천천히, 부드럽게 연마하는 것은, 정밀한 움직임을 중요시하게 되고 필요한 근육을 자연스럽게 육성하기 때문에 저절로 좋은 기(技)가 되는 것입니다. 또 협조하면서, 즉 상대의 기도 걸기 쉽도록 주의하면서 연습하면 위험 방지도 하게 되는 것과 함께 상대의 움직임을 잘 알고, 기를 맞추기 쉽게 됩니다. 그 결과, 전투에 필요한 상대 감각이 오히려 발달하게 되는 것입니다.

영춘권(詠春拳)

── 단교협마(短橋狹馬)의 실전권(實戰拳)

영춘권의 원류는, 홍권과 마찬가지로 지선선사(至善禪師)에게 발달하고, 엄영춘(嚴詠春)이라고 하는 여성에 의해 확립되었다고 하는데, 실제로는 일권·일동(一拳·一動)에 틈이 없고, 자가의 권내(圈內)를 침입하는 사람을 날카롭게 반격, 신경과 탄력을 사용하여 최소의 동작으로 쳐 쓰러 뜨린다고 하는 강력한 권법입니다. 도장에서 반드시 목인상(木人像)을 놓고, 작은 틈을 노려 몸놀림과 함께 모든 기와 동을 작고 날카롭게 단련하고, 또 일찍부터 상대 훈련을 개시하고, 반사신경과 기의 응용을 연마합니다.

방수(膀手), 탄수(灘手)·복수(伏手)의 3수를 특기로 하며, 형은 소염두(小捻頭: 가라데의 '轉掌'의 형과 비슷하다. 단지, 호흡은 부드럽게 한다)·심교(尋橋)·표지(標指)의 3종류로 어느 것이나 중국 권법으로서는 놀랄만한 간결한 형입니다. 문외한(門外漢)인 나의 직관으로서는, 개조(開祖)는 남성, 그것도 복건(福建) 소림계의 달인이 만년에 그 도를 성찰하여 필요없는 부분을 제거하고 정리한 권법이라고 생각했읍니다.

영춘권(詠春拳)이 실제로 세상에 나온 것은, 광주시의 넓은 선산의 양찬(梁贊)이 래자가에서 약장사를 하는 한편, 권법을 가르쳤던 것에서 시작됩니다.

선산의 제3전목(第三傳目)의 엽문(葉問)이 홍콩에 나온 후, 영춘권은 일권으로 넓어져 갔읍니다. 엽문(葉問)은 이소룡(李小龍)의 스승으로서도 유명하지만, 근년 77세 돌아가실 때까지 고결한 인격자로서 알려져 있고, 모두 영춘권의 홍콩종사(香港宗師)라고 부르며 존경했읍니다. 나는 영춘권을 연무회에서밖에 본적이 없지만, 마카오에 살고 있는 비소행부씨(肥沼幸夫氏)의 소개로 마카오의 이건국(李建國) 선생, 구룡(九龍)의 호전진산(戶田振山) 선생과 만나 뵙게 되었읍니다. 호전(戶田)씨는 일어, 광동어, 북경어 어느 말이고 자유스럽기 때문에 특히 편안하고 즐겁게 대화를 나눌 수 있었읍니다.

4. 절권의 장

— 북파 소림장권 '비연 (飛燕) 의 형 (型)'

절권(節拳)이란

▲조연화(趙連和)

정무회 총교련조연화(總敎練趙連和) 의 절권

창시자 곽원갑(霍元甲)이 죽은 다음도 정무회에서는 각각 특색있는 우수한 교사가 모였습니다. 그중 한사람 본디 황하 유역의 권법가 조연화(趙連和)는 후에 총교련 (總敎練)이 되었기 때문에 그가 특기로 하는 공력권(功力拳)・절권이 모두 정무회의 규정 형이 되었습니다.

소한생노사(邵漢生老師)의 일문도, 모두 이 절권을 특기로 합니다. 功力권이 수기(手技)주로 하는 것에 비해, 절권은 족기(足技)를 주로하는 준민화려(俊敏華麗)한 형이고, 날으는 제비형이라고도 불리워도 어울리는 기법입니다. 이소룡(李小龍)도 영춘권을 배웠습니다. 움직임이 풍부하고, 의외로 기본기가 많고, 그 정교한 구성에 의해 성립되어져 있습니다.

처음에는 힘을 빼고, 부드럽게 형을 기억하고, 점차 힘을 뺀 채, 스피드를 붙여가고, 코에서 희미하게 숨을 내쉬면서, 동작을 연화시켜 가고, 도중에서 움직임이 끊기지 않도록 해야 합니다. 흐르듯이, 마치 도수(徒手) 체조 경기와 마찬가지로 연기해야 하는 것입니다.

소산정진씨(小山正辰氏)에게서 지금도 중승(沖縄)의 안인옥가(安仁屋家)에 남은 궁성장순(宮城長順：강유류 개조：剛柔流開祖)가 상해 정무회를 방문했을 때의 기념 색지를 보도록 허가받은 일이 있습니다. 안인옥(安仁屋)・궁성(宮城)의 옆에 조연화(趙連和)의 서명이 있는 것을 보고 편자는 놀랐습니다.

196

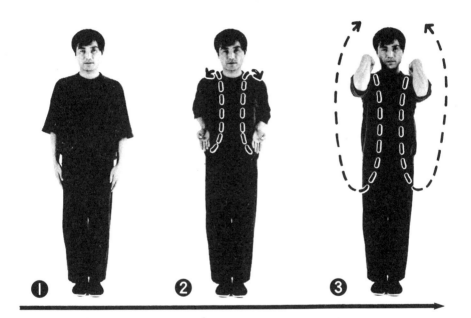

개문식 (開門式)

①닫은 발 서기 (閉足立)로 직립 부동의 자세를 취합니다.

②네개의 손가락을 펴고, 엄지 손가락을 구부리고, 양손을 허리에 당겨 붙입니다.

③손을 구수 (鉤手 : 다섯개의 손가락 끝을 합쳐 손목을 구부립니다)로 하고, 아래에서 어깨에 댑니다. 팔꿈치를 조금 튕겨 올리듯이 팔을 내미는 것이 좋습니다.

4. 절권의 장

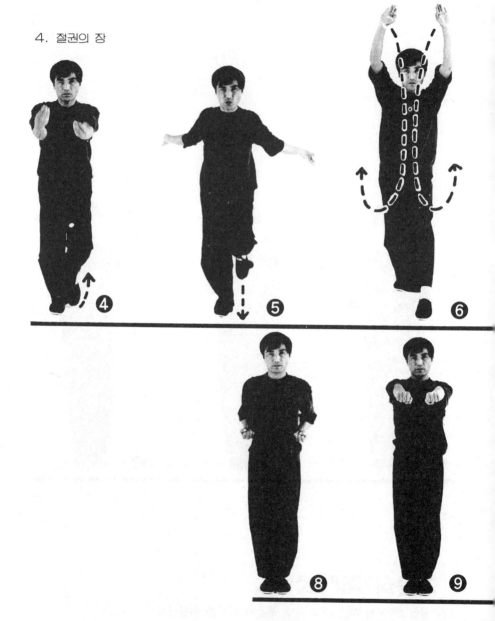

④~⑦ 왼발을 조금 앞으로 튕겨 올리고, 양손을 앞에서 뒤쪽으로 선회하고(①), 왼발을 앞으로 내밀면서 다시 양손을 크게 흔들어 나누고, 동작이 정해졌을 때 왼쪽을 봅니다(⑥~⑦). 양손을 흔들어 돌릴 때는, 항상 양손으로 자신의 위 넓적다리의 밖쪽을 가볍게 치면서 통과시킵니다.

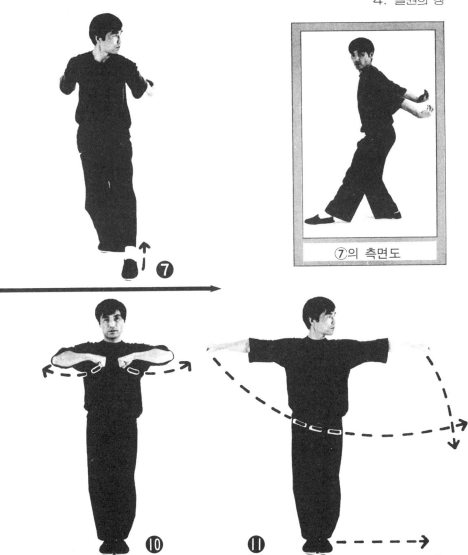

⑦의 측면도

⑧ 앞발을 끌어 당기고, 다시 닫은 발 서기(閉足立)로 되게 하고, 양 주먹을 허리에 끌어 당겨 붙입니다.
⑨ 양손을 동시에 앞으로 냅니다.
⑩ 양 주먹을 가슴에 끌어 당겨 댑니다.
⑪ 왼쪽을 보면서, 양손을 좌·우로 나눕니다.

⑫ 우선 왼발을 1보 크게 왼쪽으로 전진하고, 양손을 교차하면서, 뒷발을 서 있는 발의 무릎 안으로 끌어 당겨 붙입니다.

⑬~⑭ 뒷발을 되돌리고, 양손을 상·하로 나눈 다음(오른손 윗쪽으로, 왼손 아래쪽으로) 뒷발에 중심을 이동하여 虛步가 되도록 하면서, 오른손을 오른쪽으로 돌려서 아래로 하고, 왼손은 왼쪽으로 돌려서 위로 옮깁니다. 양손의 움직임은 염수권(捻手拳) 개문식(開門式) ④~⑤와 같습니다.

⑮~⑯ 왼손은 구수(鉤手)로 하단으로 뻗어 보내면서 오른손을 오른쪽에서 크게 머리 위로 흔들어 올립니다.

⑫~⑯의 양손의 움직임은 염수권(捻手拳) 개문식의 우화쌍양보(右花双讓步)와 거의 마찬가지입니다.

이상, 개문식 움직임은 부드럽게 연환시키고, 전·후·좌·우로 손을 전개시키고, 마음과 몸을 조화하여 연무 개시의 서곡이 되도록 해야 합니다.

제1로(第一路)

1. 걸쳐 치기(천심권 : 穿心拳)

일단 앞손을 가볍게 내리면서(①), 앞발을 반보 전진하여 궁보(弓步)가 되도록 하고, 왼쪽 주먹을 크게 혼들어 돌려, 걸쳐 치기를 하면서(②~③), 오른쪽 주먹으로 중단을 찌릅니다(④). 북파 소림 장권의 중단 찌르기는 어깨와 수평으로 내 찌릅니다. 받으면서 찌릅니다. 또는 얼굴을 견제(牽制)하면서 가슴에 찔러 넣는 기(技)입니다.

202

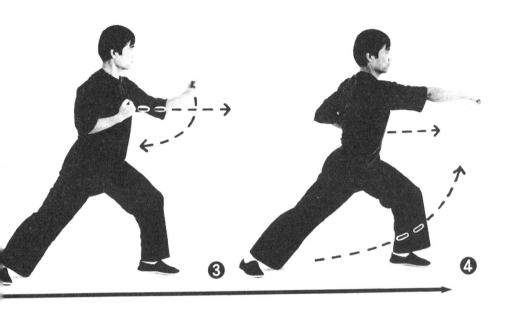

❺

❻

2 . 십자등각 (十字蹬脚)

앞발을 움직이지 말고, 허리의 위치를 되도록 바꾸지 않도록 하여, 오른발을 펴 올리듯이 차고, 동시에 상체의 탄력을 이용하여 왼쪽 주먹을 세워서 내 찌릅니다. (⑤)

3 . 번신상추 (翻身上捶)

등각(蹬脚)의 다음, 곧 몸의 힘을 빼고, 차는 발을 아래까지 내리지 말고, 서있

번신상추 정면도 (⑥~⑧)

❼ ➡ ❽

는 발의 탄력을 사용하여 왼쪽에서 몸을 돌리면서 날아 오릅니다(⑥). 오른발부터
착지, 뒤쪽에 궁보(弓步)가 되도록 하면서, 왼쪽 주먹을 펴 올리듯이 찔러 올립니
다(⑦~⑧). 오른손은 왼쪽 주먹과 대칭적으로 아래에서 뒤쪽으로 보냅니다. 뒷쪽
으로 찬 순간. 뒷쪽에서 서있는 발을 보내진다고 가정하고, 번신(翻身) 도약하여
반격하는 것입니다.

전신마보추 정면도 (⑨~⑫)

⑨　　　　　　　　　　⑩

4. 전신마보추(轉身馬步捶)

　왼발끝을 안쪽으로 향하여 두고(⑨), 오른발, 오른손을 동시에 올리고(⑩), 오른발 끝은 밖으로 향하여 착지, 오른손은 그대로 머리 위를 넘어서 허리에 대면서

206

(⑪), 왼발을 전진하여 마보(馬步)가 되도록 하고, 왼 주먹을 찌릅니다(⑫). 뒤쪽
으로 찌르기, 차기를 받고, 몸놀림을 하면서 중단 찌르기를 정하는 것입니다.

4. 절권의 장

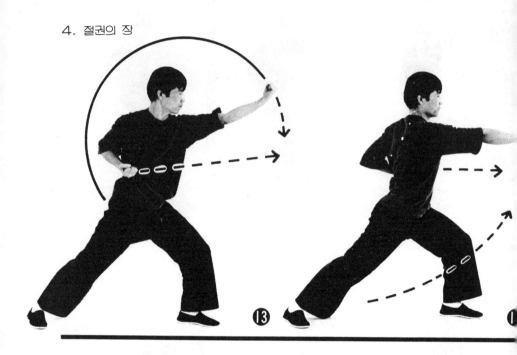

⑬

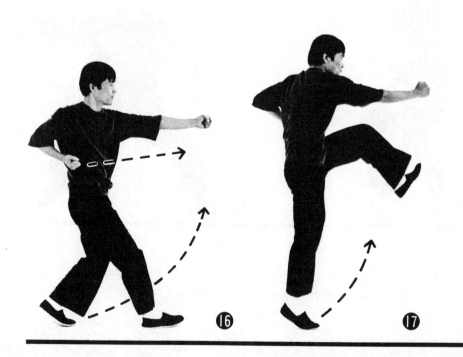

⑯   ⑰

5. 걸쳐치기 천심권 (穿心拳)

왼쪽 주먹을 크게 흔들어 돌리면서 중단을 찌릅니다(⑬~⑭).

6. 십자등각 (十字蹬脚)

곧 권각(拳脚)의 동시 동작을 합니다 (⑮).

7. 이기십자각 (二起十字脚)

오른발을 내려 곧 도약(이 때 오른쪽 주먹, 왼쪽 발을 냅니다——⑯~⑰). 공중에서 십자등각(十字蹬脚:⑱~⑲)을 합니다.

⑮

⑱

⑲

4. 절권의 장

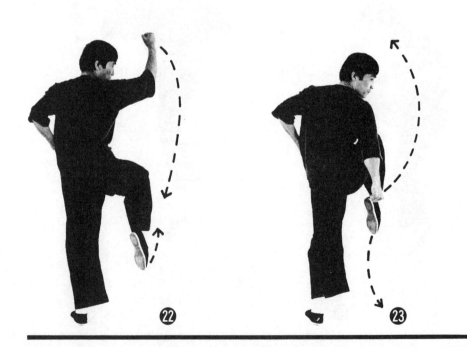

8. 착지마보추 (着地馬歩捶)

왼발부터 착지(⑳), 마보(馬歩)로 오른 주먹 중단을 찌릅니다(㉑). 날아 차기를 한 다음 착지한 때, 이와 같이 찌르기 기술을 하든가, 또는 땅에 엎드려 몸을 보호하는 것을 습관화하는 것이 중요합니다.

9. 환보사방마보추 (換歩斜方馬歩捶)

일단 앞손, 앞발을 들어 올리고(㉒), 오른손으로 하단 내리기를 하고(㉓), 오른쪽 주먹을 다시 퍼올리듯이 들면서 오른발을 비스듬히 앞쪽으로 내리고, 마보(馬歩)로 중단 찌르기를 합니다(㉔~㉕).

10. 추각삼연격 (捶脚三連擊)

앞손을 크게 흔들어 돌리고, 궁보(弓步)가 되도록 하면서 걸쳐 치는 천심권 (穿心拳 : ㉖~㉘)을 실시합니다. 곧 십자등각(十字蹬脚 : ㉙)를 행합니다. 한발을 본래로 돌리면서, 우천심권(右穿心拳)을 연속시킵니다(㉚~㉛).

이와 같은 연습시도, 숨을 죽이지말고, 코에서 희미하게 내뿜으면서 부드럽게 연습합니다. 여기까지가 제1로 전반세 (前半勢)입니다. 후반은 원림으로 향하여 되돌아 갑니다.

㉘

㉚

㉛

㉜　㉝

11. 복신천심권(伏身穿心拳)

그곳에서 부보(仆步)로 하단으로 몸을 내립니다. 오른쪽 주먹을 벌려 낮게 준비합니다(㉜).

정면에서 궁보(弓步)가 된 몸을 일으키면서, 왼쪽 손바닥으로 찌르기를 쥐고, 왼쪽 손바닥으로 가슴, 또는 명치 등을 찔러 넣읍니다(㉝~㉞). 차기를 바꾸어 반격하는 것이라고 가정해도 좋읍니다.

12. 십자등각(十字蹬脚)

곧 십자등각(十字蹬脚)을 합니다(㉟). 단, 이 경우의 오른쪽 주먹은 귀 근처에서 때리려고 하며 중단을 찌릅니다. 상체의 탄력을 사용하고, 등의 가운데부터 주먹 끝까지 기력을 통과시키듯이 하지 않으면 안됩니다. 또, 왼발은 무릎의 탄력을 이용하지 말고, 발을 편 채 차 올립니다. 이기십자각(二起十字脚), 즉 날아 차기로 등각을 사용하는 경우는 무릎의 스냅을 이용합니다.

복신천심권 정면도 (32)~(34)

4. 절권의 장

㊵ ㊴

㊶

㊷

13. 진보이기십자각(進步二起十字脚)

우선, 차는 발을 내리고(㊱), 따라서 오른발을 전진하고(이때 걷는 동작과 마찬가지로 왼손을 냅니다—㊲ ㊳) 그 오른발의 발목을 부드럽게 펴고 날아 오릅니다(㊴). 공중에서 십자등각(十字蹬脚)을 정합니다(㊵). 그때 왼발은 사진의 예(㊵) 보다 더욱 무릎을 구부린 채, 가능한 한 몸을 끌어 당겨 붙이고, 체공(滯空) 시간을 길게 하도록 연습하는 것이 바람직합니다. 조주(助走)로 상대에게 접근하고, 일권에 날아 차기로 정하는 기(技) 입니다. 단지, 연습 중에는 부드럽게 윗쪽으로 날아 오르도록 노력하고, 너무 멀리 날 필요는 없읍니다.

14. 착지마보추(着地馬步捶)

날아 차기는 착지 때 틈이 생기기 때문에, 왼발이 땅에 닿는 것과 동시에 재빨리 마보(馬步)로 중단을 찌릅니다(㊶~㊷).

㊹ ㊸

15. 선풍각 (旋風脚)

가볍게 양손을 흔들어 돌리고 탄력을 모읍니다 (㊸). 몸을 비틀어 날아 오릅니다. 선풍각을 (㊹~㊺) 합니다.

16. 탁수마보추 (托手馬步捶)

착지 했을 때, 우선 왼손으로 자신의 왼쪽 아래 넓적다리의 밖을 손등으로 치면서 마보(馬步)가 되도록 합니다 (㊻~㊼). 그 왼손을 가슴앞에 되돌려서 찌르기의 준비를 합니다. 동시에 오른손을 왼쪽 손목에 십자(十字)로 교차합니다. 받기의 준비를 하는 것입니다 (㊽). 오른손으로 상단에서 받으면서, 왼쪽 주먹으로 중단 찌르기를 합니다 (㊾).

㊾

㊾   ㊿

㊿의 정면도

① ⑤⓪

제2로(第二路)

17. 전신사방분각(轉身斜方分脚)

그곳에서 뒤쪽(조금 앞으로 비스듬한 앞쪽)으로 흔들어 돌립니다. 그때, 왼손을 벌리고 머리 위로 올립니다. 양손 모두 아래로 내리기 위해 손바닥을 위로 하여 준비합니다(⑤⓪).

곧 오른손 손등으로 자기의 윗 넓적다리 밖쪽을 쳐서 뒤로 보냅니다(⑤①). 오른손은 그대로 뒷쪽에서 앞면으로 흔들어 내립니다. 왼쪽 비스듬하게 분각의 갑(甲)을 칩니다. 왼손은 차기와 동시에 손등으로 가볍게 왼쪽 윗 넓적다리의 안쪽을 쳐 보내고 구수(鉤手)로 뒷쪽으로 보냅니다(⑤②~⑤③).

상대의 발, 손을 오른쪽, 왼쪽으로 보내 내리면서, 앞차기로 정하는 기입니다. 차는 발의 갑(甲)을 오른쪽 손바닥으로 치는 것은, 앞차기의 목표를 설정하고, 몸의 기력을 집중시키기 위한 목적 이외에도 상대의 안면을 치고, 또는 쳤다고 치고 차기를 하는 것 등은 무술적 의의가 있는 것입니다. 북파 소림장권은 이와같이 손발을 서로 치는 동작이 많습니다.

221

4. 절권의 장

번신하세도수 정면도 (54~58)

18. 번신하세도수(翻身下勢挑手)

뒤쪽에서 서있는 발을 상대방이 공격한다고 가정하고, 차는 발을 땅으로 내리지 말고, 서있는 발의 탄력으로 날아 오르고, 뒤쪽으로 몸을 돌립니다(54). 왼쪽으로 차는 발로 서있는 발의 무릎을 뛰어 넘고, 다음에 오른발을 왼쪽 무릎 안쪽에서 끌어 당겨 뒤로 빼듯이 하여 착지하는 것입니다. (54~55)

착지와 동시에 부보(仆步)가 되도록 몸을 내리고, 양손을 가슴 앞에서 교차합니다(56). 오른손 아래에 왼손을 위에서 교차합니다. 곧 몸을 일으키고, 좌구수(左鉤手)를 하단 뒤쪽으로 보내면서, 오른손 손목의 스냅을 살려서 오른쪽 손바닥은 아래에서 튕겨 올립니다(57~58).

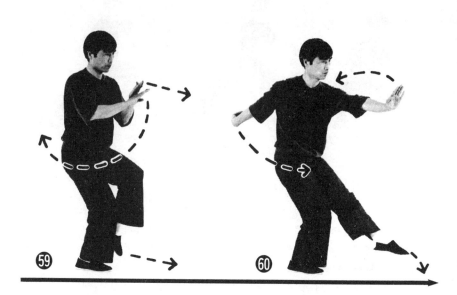

19. 퇴수촌퇴 (推手寸腿)

도수(挑手)의 오른손(⑱)을 잡혔다고 가정하고, 일단 왼손 손등을 오른손에 겹쳐 놓은 다음(⑲) 왼쪽 손바닥을 앞으로 내 누릅니다. 오른손을 구수(鉤手)로 하여 하단 뒤쪽으로 보냅니다. 동시에 발끝으로 상대의 발목을 찹니다(⑳).

가능한 한 허리를 내린 채. 작게 스냅을 살려서 찹니다. 지상 1촌 위를 공격하는 듯한 의미에서 촌퇴(寸腿)라고 불리워 집니다. 찌르기, 차기 등을 연속기의 초격 견제기(牽制技)로서 주로 사용하고 있는 탄퇴문(彈腿門)이 특기로 하는 발의 소기(小技)입니다.

20. 진보좌도수 (進步左挑手)

치는 발을 내리고, 양손을 몸앞에서 상하로 준비한 다음(㉑), 왼발을 전진하면서 양손을 밖으로 돌려 작게 반 돌려서 상·하를 전환하고(㉒), 왼발을 전진하여 허보(虛步)가 되도록 하면서, 좌도수(左挑手)의 준비를 합니다(㉓).

오른손을 구수(鉤手)로서 하단에서 뒤쪽으로 보내면서, 왼손을 튕겨 올립니다. (㉔) 손목을 아래로 내려 준비합니다(㉕). 작게 걸음을 전진하면서, 상대의 몸안에 들어 가듯이 접근하고, 하단에서 공격하는 기입니다. 형 중에는 다음의 진보합도수(進步合挑手)와 함께 부드럽게, 스무스하게 연기하면서, 연무의 호흡을 조절합니다.

⑭   ⑮

진보 우도수 정면도 (68~72)

21. 퇴보구수(退步鉤手)

왼발을 뒤쪽으로 끌어 당겨 궁보(弓步)로 되게 하면서, 왼손 손등으로 윗 넓적다리의 밖을 쓸어 보내듯 구수(鉤手)로 합니다. 횡일문자(橫一文字)의 연무선에 대해 직각방향으로 다리를 끌어 당기는 것입니다(⑥⑥).

22. 진보우도수(進步右挑手)

우선, 자세는 그대로 똑바로 뒤쪽으로 흔들어 향하고(⑥⑦), 비스듬하게 전진 우도수(右挑手)를 실시합니다.

⑥⑥   ⑥⑦   ⑥⑧

오른발을 전진하여 양손을 하단에서 교차(오른손 위 ⑱) 왼발은 전진하면서 핸들은 돌리듯이 양손을 돌리고(⑲) 오른발은 전진하여 허보(虛步)가 되도록 하면서 하단에서 도수(排手: ⑰~⑫)를 실시합니다.

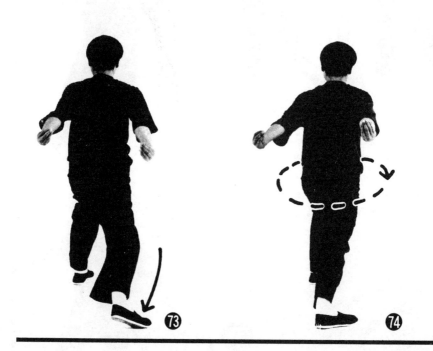

23. 퇴보구수(退步鉤手)

오른손 손등으로 자신의 윗 넓적다리 밖을 치면서, 구수(鉤手)가 되도록 하여 뒤쪽으로 보내고, 일보 전진하여 궁보(弓步)가 되도록 합니다(㉗~㉘). 횡일문자의 연무선에 대하여 직각 방향으로 내리는 것입니다.

24. 전신괘타천심권(轉身掛打穿心拳)

그곳에서 뒤로 흔들어 향하면서, 몸을 돌리는 기세로 크게 오른쪽 주먹을 흔들어 돌리면서, 왼쪽 주먹으로 중단을 찌릅니다(㉙~㉚).

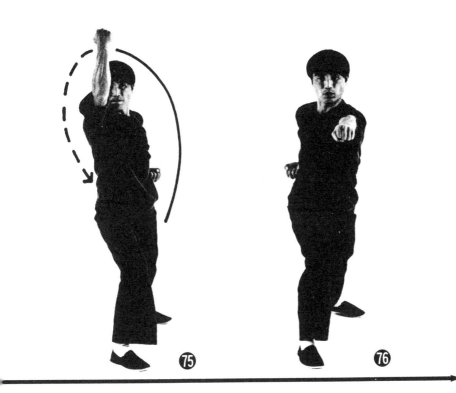

4. 절권의 장

⑲
⑳
㉑

230

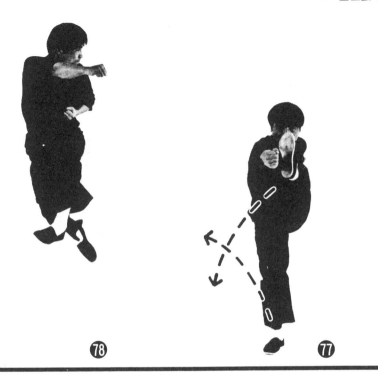

⑦⑧　　　　　　　　　　　　⑦⑦

25. 십자등각 (十字蹬脚)

곧 십자등각을 합니다 (⑦⑦).

26. 철보와두권 (撤步窩肚拳)

왼쪽에서 서있는 발을 공격당한다고 가상하고, 차는 발을 아래까지 내리고, 서있는 발의 무릎을 날아 넘어, 동시에 오른발은 왼쪽 무릎 안에서 끌어 당겨　빼듯이 오른쪽으로 도약합니다 (⑦⑧~⑦⑨). 착지와 동시에 마보 (馬步) 가 되도록 합니다. (⑧⑩) 양손은 날아 내릴 때 이미 몸앞으로 교차시킵니다. 곧 왼쪽 주먹을 안쪽에서 칼을 빼듯이 내 찌릅니다 (⑧①).

4. 절권의 장

27. 괘타천심권(掛打穿心拳)

왼손을 크게 흔들어 돌리고, 궁보(弓步)가 되도록 하면서 오른쪽 중단 찌르기를 (⑧②~⑧③) 합니다.

28. 십자등각(十字蹬脚)

곧 십자등각으로 중단의 주먹과 다리를 동시에 공격합니다(⑧④).

29. 이기각(二起脚)

차는 발을 내리고, 왼손을 앞으로 내밀고, 오른손을 벌려 뒤쪽에서 내립니다(⑧⑤) 오른발의 탄력으로 날아 오르고, 동시에 오른손으로 아래에서 왼쪽 손바닥을 칩니다(⑧⑥). 곧 우분각(右分脚)으로 정합니다(⑧⑦). 공중에서 오른발을 찰 때, 오른 손 바닥으로 발등을 칩니다.

⑧⑧   ⑧⑨

30. 복신세 (伏身勢)

착지와 동시에 몸을 낮추고 다음으로
준비합니다 (⑧⑧~⑧⑨). 양손은 가볍게 땅
에 붙이고, 양손으로 '팍'하고 땅을 쳐
도 좋읍니다.

31. 전신허보도수 (転身虚歩 排手)

오른발을 축으로 하여, 오른쪽 돌기로
몸을 돌리고 (⑨⓪) 출발점 방향을 되돌려
서 궁보 (弓歩)가 되도록 합니다 (⑨①). 양
손은 ⑧⑨에서 몸을 일으킨 때, 왼손을 위
로 올리고, 오른손은 그대로 하단에 준
비하면서 몸을 돌립니다. 뒷발에 중심을
이동하고, 앞발을 반보 끌어 당겨 허보
(虚歩)가 되도록 하면서, 오른쪽 손바닥
을 아래에서 튕겨 올립니다 (⑨②). 손목을
내리고, 손바닥을 세웁니다. 왼손은 구
수 (鉤手)로 하단 후방으로 보냅니다.

⑨③

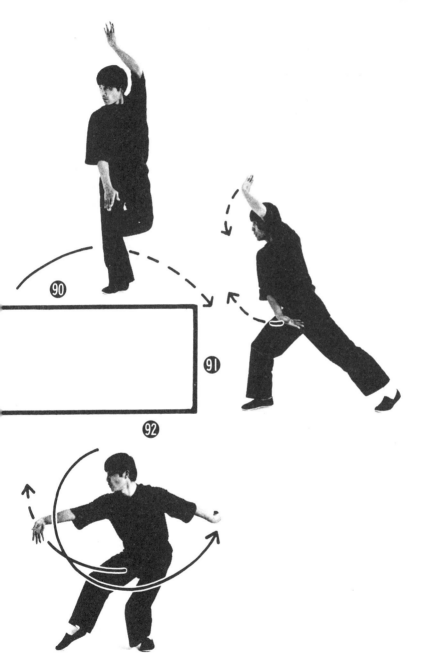

90

91

92

⑨⑧   ⑨⑦

32. 질풍이기각(疾風二起脚)

우선, 반보 내디디면서 왼손을 아래에서 위로, 오른손은 손등으로 자신의 오른쪽 위 넓적다리를 스쳐 뒤로 합니다.(⑭)

왼발을 디디고 왼손 손등으로 자신의 아래 허벅다리를 밖에서 스치듯이 하며 뒤로 보냅니다. 왼손은 뒤쪽에서 흔들어 올립니다(⑮). 그리고 오른발을 내디디면서 오른손으로 오른쪽 위 넓적다리를 치고 뒤로 갑니다. 왼손은 뒤쪽에서 위로 흔들어 올립니다(⑯). ⑯의 오른발로 땅을 차, 높이 날아 올라가고, 오른손 손등으로 왼쪽 손바닥을 칩니다(⑰). 틈을 주지 말고 오른발로 분각(分脚 ⑱) 합니다.

공중에서 차기를 정한 때, 오른쪽 손바닥으로 오른발 발등을 칩니다. 날아 차기를 할 때는 멀리 날아 오르는 것보다, 높게 도약하는데 노력하도록 합니다.

질풍과도 같이 달려나가며 날아 차는 호쾌한 기술입니다. 조주(助走) 때, 양손을 흔들어 돌리고, 자신의 발의 밖쪽을 손등으로 부드럽게 쳐 보내면서 달립니다. 쳐 보내는 소리, 날아 오를 때의 양손의 치는 소리, 날아 찰 때의 발의 소리가 연속되어야 합니다. 착지 때에는 틈이 생기게 해서는 안됩니다.

33. 복신세(伏身勢)

착지와 동시에 몸을 내리는 것에 의해 몸을 보호합니다. (⑨⑨~⑩⑩)

제3로(第三路)

34. 전신분개수(転身分開手)

분개수(分開手)의 정면도 ⑩③

오른발을 축으로하여, 오른쪽 돌리기로 몸을 한 바퀴 돌리고, 양손을 좌·우에서 머리 위로 합치게 합니다(⑩①~⑩②). 왼발, 착지하여 궁보(弓步)가 되도록 하면서 왼손은 구수(鉤手)로, 오른손은 손바닥으로 해서 좌·우로 나눕니다(⑩③).

실제로는 좌구수(左鉤手)로 받고, 오른쪽 손바닥으로 앞쪽을 찌르는 기술입니다. 그러나 형중에서는 제3로의 개시에 준비하고, 호흡을 조절하면서, 천천히 양손을 좌·우로 나눕니다.

⑩②   ⑩③

35. 진보분각(進步分脚)

양손을 위로 가볍게 들면서, 오른발을 전진하고(⑩④), 오른발을 내디딤과 동시에 양손으로 양발의 밖쪽을 쳐 보냅니다(⑩⑤). 그리고 왼발을 전진하면서, 양손을 양

진보분각 정면도(⑩④～⑩⑦ 약간 비스듬한 것)

쪽에서 흔들어 돌려 머리 위에서 겹칩니다(⑩⑥). 이때 왼쪽 손바닥과 오른손 손목과를 쳐 합치고, 소리를 내도록 합니다.

곧 오른발 무릎의 스냅을 충분히 살려서 유연, 민첩하게 상단을 찹니다(⑩⑦). 차기를 정한 다음, 오른손으로 오른발의 발등을 칩니다.

36. 복신세(伏身勢)

⑩의 차는 발을 조금 멀리 착지시키고 일전으로 몸을 내리고 양손은 땅에 가볍게 대고, 몸을 지탱합니다(⑱).

37. 후소퇴(後掃腿)

왼발을 축으로 아래로 한 자세에서 한바퀴 돕니다. 우선 ⑱에서 곧 서있는 발의 뒤꿈치를 떼우고, 발 끝을 지점으로 이 서있는 발에 중심을 두고, 상체를 조금 앞쪽으로 비틉니다(⑲). 양손 끝으로 가볍게 땅을 누르고, 상체를 오른쪽으로 비틀어 힘껏 재빨리 오른발을 오른쪽 돌리기로 선회시킵니다(⑩~⑪). 1회전했을 때, 복신세(伏身勢)로 돌아옵니다(⑫). 1회전할 때, 오른발을 사진의 예보다 훨씬 더 펴고, 발바닥을 가능한 한 지면 위에서 떨어지지 않도록 하는 것이 바람직합니다. 요컨대 ⑲의 자세 그대로, 순간적으로 1회전하여 ⑫가 되도록 합니다. 즉, 땅에 엎드린 채 뒤돌아 차기를 실시하는 것입니다.

소퇴(掃腿)는 북파 소림의 기본기입니다. 장권(長拳)의 형에도 자주 등장하기 때문에, 초기의 단계에서 완전히 몸에 익혀 둘 필요가 있습니다. 바른 움직임으로 소퇴(掃腿)를 행하면, 단숨에 땅위에 볼만한 하나의 원을 그릴 수 있게 됩니다.

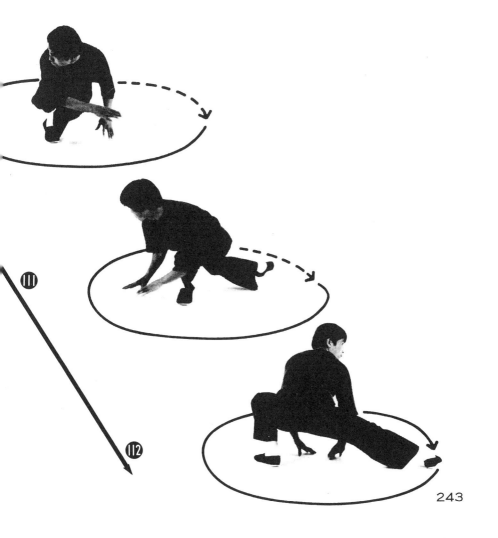

환보마보추 정면도 (⑬~⑭)

38. 환보마보연환추(換步馬步連環捶)

앞발을 조금 끌어 당기고, 발끝을 밖으로 향하여 디디고, 동시에 오른손을 펴 상대의 손을 잡고, 왼쪽 주먹을 귀 근처에 준비합니다(⑬). 왼발로 전진하여 마보(馬步)가 되게 하고, 오른손을 귀 근처로 끌어 당기고, 왼쪽 주먹은 내 찌릅니다(⑭). 곧 앞발을 조금 끌어 당겨 되돌려 디디고, 동시에 왼손을 벌립니다(⑮). 전진하여 마보추(馬步捶) (⑯~⑰)가 되도록 합니다. 환보(되돌려 디딤)는 일종의 몸 놀림입니다. 능숙해진 다음은 탁, 탁 가볍게 땅을 치면서 환보할 수 있읍니다. 사방, 팔방으로 몸을 돌리면서 마보연환추(馬步連環捶)가 가능하도록 해야 합니다.

244

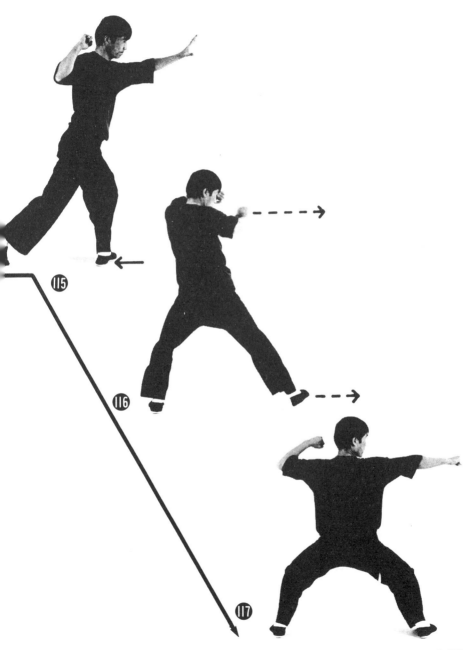

4. 절권의 장

⑫0

⑫1

⑫2

246

39. 비연삼연각(飛燕三連脚)

환보마보연환추(換步馬步連環捶)로 제3로의 전반은 끝마치고, 다음은 원점으로 향하여 3종류의 날아 차기를 연속시켜 돌아 갑니다. 날아 차기를 한 다음, 착지와 동시에 받기, 찌르기의 연속시킴을 습관화 시키기 위해 손기술 3종류를 조합합니다. 따라서 실제로는 6가지 기법으로 구성되어져 있는 것입니다. 그러나 착지 후의 손기술은 날아 차기의 여세(잔심의 움직임)로 생각하고, 여기에서는 날아차기를 중심으로 3가지를 나누어 설명합니다. 형연무(型演武)의 최종 부분이기 때문에 그 나름대로 기백을 넣어 기를 연속시킵니다.

1) 전신반선풍(轉身半旋風)

왼쪽 돌리기로 뒤쪽으로 몸을 돌리면서 양손을 오른쪽 머리위로 흔들어 올리고, 오른발을 크게 내 디디며 도약합니다. 공중에서 오른쪽의 이합퇴(里合腿)를 행합니다(⑱~⑳). 양손은 오른발이 땅을 디딜 때 왼쪽 아래로 돌리고, 날아 오를 때 다시 오른쪽으로 선회시키고, 왼손으로 오른발 안쪽을 칩니다. 왼발부터 착지하고 궁보(弓步)가 되도록 하고 양손은 크게 상·하로 나눕니다(⑫~⑫).

⑫④   ⑫③

2) 이기각(二起脚)

곧 오른발로 땅을 걷어 차고, 다시 공중으로 날아오르고, 오른손 손등과 왼쪽 손
바닥을 서로 마주 칩니다(⑫③). 공중에서 무릎의 스냅을 충분히 살려서 오른발을 차
고, 오른쪽 손바닥으로 오른발 발등을 칩니다(⑫④). 왼발부터 착지한 때, 오른쪽 주
먹을 허리에 준비하고(⑫⑤), 마보(馬步)가 되도록 하면서 오른쪽 주먹을 내 찌릅니
다(⑫⑥).

4. 절권의 장

250

⑫⑧   ⑫⑦

3) 선풍각(旋風脚)

곧, 몸을 비틀어 뒤쪽으로 날아 오르고(⑫⑦~⑫⑧). 공중에서 오른손을 크게 돌려 왼쪽 손바닥과 서로 마주 칩니다(⑫⑨). 왼발은 되도록 무릎을 구부리지 말고, 편 채 돌려 차기를 하는 방법이 오히려 원심력을 붙일 수 있기 때문에 차기 쉽습니다. 또 날아 오를 때, 힘을 너무 주게 되면 몸이 젖혀지게 되고 중심선이 무너지게 되기 때문에 발·손의 기력이 분산되고, 착지도 불안정하게 됩니다. 부드럽게 날아 오르고, 차기의 한순간에 기력을 집중하는 것이 좋습니다. 왼쪽 발부터 착지한 때, 우선 왼손의 손등으로 왼쪽 위 넓적다리의 밖은 뒤에서 쳐 내립니다(⑬⓪, ㉖~㉗ 그림 참조).

251

뒤쪽에서 쳐 내린 왼손을 쥐고, 아래에서 왼쪽 가슴 앞으로 찔러 올리듯이 준비하고, 오른쪽 손바닥을 십문자로 걸어 합칩니다(⑬). 곧 오른손을 위로 올리면서 왼쪽 주먹을 왼쪽으로 비틀어 내 찌릅니다(⑬). 이상 비연삼연각(飛燕三連脚)은 반드시 유연성을 유지하고 연속시킵니다. 그 때문에 호흡도 부드럽게 사용합니다. 즉 코에서 희미하게 내뿜으면서 기를 연속시키고, 정하는 일순간도 코로 가볍게 내뿜으면서(호흡의 소리를 내어서는 안됩니다) 뱃속에서 숨을 유지하도록 합니다.

40. 수세(收勢)

왼발을 가까이 끌어 당기고, 정면으로 닫은 발 서기(閉足立)가 되도록 하면서 양손을 벌리고 귀 근처에 준비하고, 깊이 숨을 들이 마십니다(⑬). 양 손바닥을 아래로 지탱하듯이 누르면서, 숨을 천천히 내 쉬면서 호흡을 조절합니다(⑬). 양손을 겨드랑이에 붙이고, 절권의 전 동작을 종료합니다(⑬).

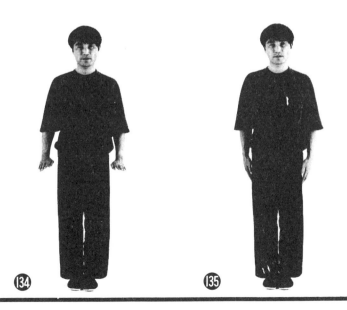

⑬　　　　　⑬

현대 중국의 소림권과 홍콩의 권법계(拳法界)

—— 현대에 호흡하는 전통의 무술

현재 중국에서는 공적으로는 소림권이라고 하는 명칭을 사용하고 있지 않습니다. 소림이라고 하는 것만으로는 너무 많은 유파가 있어, 그 구체적인 구별을 할 수 없을 정도이기 때문입니다. 그래서 우선 '북권'과 '남권'으로 분류하고, 그위에 필요에 따라서 북파에는 '화권(華拳)'과 '사권(査拳)'등 또 남파(南派)에는 '홍권(洪拳)' '채이불권(蔡李仏拳)'등 구체적으로 사용되어 온 유파명으로 불리기로 했던 것입니다. 이렇게 해서 전통의 형을 보호하는 한편, 동시에 국가 7대 스포츠의 하나로서 육성하기 위해 새로운 유파를 초월하여 경기용의 현대형을 난이도에 따라 갑(甲), 을(乙)의 2개 조로 나누어, 갑조 남자장권·여자 장권 등을 제정했읍니다. 그리고 종래 되도록이면 비밀스럽게 전수되어 오던 것을 가능한 한 공개하고, 공원의 조기 훈련회, 또 방과후의 시간에 자유로이 배우는 것이 가능한 소년관, 또는 업여(業余) 체육 학교 등에 무술의 코스를 개설하여 보급에 노력을 다하고 있읍니다.

각 지방마다 경기회와 전국대회도 매년 수일에 걸쳐 개최하고 있읍니다. 그 외에도 각종의 표연회도 열리고 1978년 10월에는 광주시에 있는 권법사상 획기적인 남파 소림권만의 대연무회가 행해졌읍니다.

홍권(洪拳)·이가권(李家拳)·채가권(蔡家拳)·불가권(佛家拳)·채이불가권(蔡李佛家拳)·합권(合拳)·공문권(孔門拳)·백미권(白眉拳)·료권(撩拳)·위청권(衛青拳)·용형권(龍形拳) 등 17문 122명의 인원이 참가, 소나한권(小羅漢拳)·5형권(五形拳)·복호권(伏虎拳) 등의 사상 이름 높은 형을 시작으로 도(刀)·창(槍)·검(劍) 등의 무기법을 포함하여 합계 219종류의 형이 연수되었읍니다.

소림권(少林拳) 개조설(開祖説)의 전설로 유명한 하남성 소림사도 이미 비공식적으로 공개가 재개되었읍니다. 1978년 4월 뉴질랜드의 루이 아일리가 방문했을 때, 등봉현 당국은 일부러 그를 위해서 소림사의 전통을 잇는

노 무술가와 토박이의 무술애호 소년을 모아 한시간의 연무식을 열었읍니다. 11살의 소년에 의한 대타의 형이 가장 멋있었다고 합니다. 그에 의하면 소림사의 중의 대부분이 환속하고, 또는 무술 교사로 되어 절을 나왔지만 아직도 절 안에는 11명의 고승이 있다고 합니다. 그들 외에도 홍콩대학의 박문관장도 최근 소림사의 사진을 홍콩 대공보지에 발표했읍니다. 그중의 한명의 고승의 사진이 있었는데 손에 단단히 염주를 쥐고 있는 것이 인상적이었읍니다.

홍콩은 영춘권·홍권·채이불 등 남파 소림권이 주류이고, 그외에 소위 사문이라고 불리우는 기권의 유형을 집어 넣으면 대·소 여러가지의 문파가 있고, 다수의 저명한 권가가 있읍니다.

근대 동란기에 북방에서 다수의 무술가가 남하했기 때문에 의외로 북파도 많읍니다. 아침 일찍 공원에서는 태극권을 자주 볼 수가 있는데 이 권법은 본래 북파의 권법에 속합니다. 다만 홍콩의 태극권은 오파가 주류를 점거하고 있읍니다. 오파 태극권은 상당히 실전적인 전통을 가지며, 1954년 오파 제3대 종가 오공의가 백학문의 젊은 권법가 진극부의 도전을 받아 들여 마카오에서 유혈의 공개 시합을 행한 것은 너무나도 유명합니다. 지금도 '실용 태극파'라고 불리우는 오파의 정천웅은 그 문하에서 동남 아시아 대회에서 챔피언을 키우기도 했읍니다.

중국 권법의 전통은 일반적으로 주로 일반 민중의 손에 의해 보호, 유지되어 왔기 때문에 위로는 종교에서 아래로는 불량배 사회에까지 그 관련이 있고 또 연극계와 밀접한 관계가 있읍니다. 진관태 이래에도 취권 등의 천재 청년 성룡과 절묘의 콤비를 보여주는 원소전, 악역으로 이름있는 석견(나한문) 등은 누가 뭐래도 무술에는 장로급 인물입니다. 여기 저기서 열리는 표현회에도 마치 축제와 같은 전통형과 새로운 중국의 권법이 호흡을 같이 하고 있읍니다. 전통파는 각 도장마다 사자무를 보이고, 기권의 특별 표연(表演)이 나옵니다. 그리고 어느 날 현대파의 무술 중 기회를 보았을 때 1959년 광동의 무술 태극권에 경탄했읍니다. 횡일문자의 연무선을 큰소리를 내면서 기합을 넣고 권각을 휘두릅니다. 이제까지 본 적이 없는 진가 태극권이었읍니다. 광주에는 하남성의 진가구에서 8년간, 진연희에서 진가식의교전을 받고, 정연화계의 팔괘장조차 습득한 내가권의 달인인 전진숭이 근년까지 실존해 있었고, 아마 염씨가 연기한 진가 태극권은 이 흐름을 받은 것으로 생각됩니다. 백화료란, 이것이 홍콩 권법계의 모습입니다.

판권 본사 소유

현대 소림권 입문

2021년 06월 20일 인쇄
2021년 06월 30일 발행

지은이 | 현대레저연구회
펴낸이 | 최 원 준

펴낸곳 | 태 을 출 판 사
서울특별시 중구 다산로38길 59(동아빌딩내)
등 록 | 1973. 1. 10(제1-10호)

■ **주문 및 연락처**
우편번호 0 4 5 8 4
서울특별시 중구 다산로38길 59 (동아빌딩내)
전화 : (02)2237-5577   팩스 : (02)2233-6166

ISBN 978-89-493-0639-1   13690